パラパラめくって ペラペラ話せる 英会話

小池直己

青春出版社

「英語が話せる人」は、このポイントを外さない！——はじめに

「あなたは英語が話せますか？」

英語の授業があった中学・高校生の頃ならともかく、長いこと勉強から遠ざかり、そのうえ忙しくて英語どころではない毎日をおくっていると、そう聞かれても、「いやあ、英語はさっぱりで……」とか「あいさつ程度ですね……」とか、自信のない答え方になるのではないでしょうか。そして、それは当然のことだとも思います。

本書は、そういう方が、「**どんな状況にあっても、ひとまずは英語で切り抜けられる**」ことを目標レベルに設定した一冊です。コツコツ読んで、使いこなせるようになれば、「英会話は日常会話なら問題ありません」くらいは堂々と答えられるようになるでしょう。

ここで、本書の使い方を簡単に説明します。

まず、右ページにあるのは、日本語と、それに対応した英語のフレーズ。英文の一部を、（　　）で隠しています。ページをめくったところにあるのは、その答えと解説。この表裏２ページで１セットです。

受験勉強の頃、「単語カード」を使って英単語や歴史の年号を覚えた要領で、ページを左、右、左、右と動かしながら、日本語を英語に、英語を日本語にしていってください。これを繰り返すことで、いつのまにか"ナマ"の英語表現が身につくはずです。

では、あらためて——。

はじめまして！／Nice to meet you!

さっそく、「初対面のあいさつ」（P13）から、始めてみましょう。

2018年6月　　　　　　　　　　　　　　　　　　　　　小池直己

パラパラめくってペラペラ話せる英会話◆目次

1 大人の英会話は「あいさつ」が基本です ── 11

- 《あいさつ》 最初に会ったときにぴったりの「あいさつ」………… 13
- 《あいさつ》 会話の口火をきるための大事な「あいさつ」………… 15
- 《天気》 今日の天気を英語で言ってみよう ………………… 17
- 《天気》 天気の変化を英語で言ってみよう ………………… 19
- 《季節》 「季節」の話題をふるときのひと言 ………………… 21
- 《受け答え》 「最近どう？」と聞かれたらなんて答える？ ………… 23
- 《話しかける》 会話の「きっかけ」になる基本の言葉 ………… 25
- 《話しかける》 会話の「きっかけ」として便利な言葉 ………… 27
- 《会話の展開》 話の途中で使ってみたい便利なひと言 ………… 29
- 《街中》 英語を使うしかない状況に放り込まれたときの心得 …… 31
- 《街中》 街中で「英語が話せる人」に見えるポイント ………… 33
- 《道案内》 堂々と英語で道案内することができますか ………… 35
- 《道案内》 ていねいに英語で道案内することができますか ……… 37
- 《話を終える》 会話を終わりにするときのちょっとしたひと言 …… 39

2 英語でもっと仲良くなるには、コツがいる ── 41

- 《質問する》 恥ずかしがらずに、なんでも聞いてみよう ………… 43
- 《あいづち》 いい「あいづち」が会話を弾ませる ………………… 45
- 《コメント》 ひと言コメントがうまい人の言い方 ………………… 47

《聞き返す》 聞き返したいときの使えるひと言フレーズ ………… 49
《ぼかす》 はっきり言えないときのひと言フレーズ ………… 51
《かわす》 フワッと答えたいときのひと言フレーズ ………… 53
《話題を掘る》 会話上手が実践するうまい「聞き方」 ………… 55
《話題を掘る》 詳しく知りたいと思ったときの正しい「聞き方」 …… 57

③ 言葉のやりとりが、「人間関係」の土台をつくる ── 59

《お願いする》「頼みごと」があるときのちょっとした言い方 …… 61
《受け入れる》 お願いされたときの正しい「受け方」 ………… 63
《意思表示》 自分の「気持ち」をきちんと伝えられますか ………… 65
《妥協する》 うまい"落としどころ"はどこにある？ ………… 67
《誘う・提案》 おもわず相手がうなずく提案の方法 ………… 69
《誘う・提案》 そういう提案のコツがあったのか ………… 71
《声をかける》 前向きな言葉が、いい関係をつくる ………… 73
《声をかける》 好感度アップのポジティブなモノ言い ………… 75

④ 相手に寄り添うひと言が持つ"パワー"を侮ってはいけない ── 77

《励ます》 相手の背中をポンと押すひと言 ………… 79
《共感する》 つらい状況でそっと伝えたい言葉 ………… 81
《慰める》 元気を出してもらいたいときのひと言 ………… 83
《慰める》「大丈夫だよ」と言いたいときのひと言 ………… 85

《ほめる》　ホメ上手は、相手の心を一瞬でつかむ①　……………　87
《ほめる》　ホメ上手は、相手の心を一瞬でつかむ②　……………　89
《ほめる》　ホメ上手は、相手の心を一瞬でつかむ③　……………　91
《ほめる》　ホメ上手は、相手の心を一瞬でつかむ④　……………　93

5　気持ちと状態を言葉にできると、モヤモヤが消える ── 95

《喜ぶ》「うれしい」ときは、素直に言葉にしてみよう　……………　97
《祝福する》　できる大人は、相手を心から「祝福」できる　……………　99
《感動する》　"ジーン"ときたときに使えるひと言　……………　101
《好む・愛する》　好印象を持っているときの上手な伝え方　……………　103
《好む・愛する》　自分が好きなもの、説明できますか　……………　105
《嫌う》　いい印象を持っていないことを素直に伝えるには？　……　107
《嫌う》　言いにくいことを正直に伝えるには？　……………　109
《興奮・安心》　ワクワクした＆ホッとしたときの簡単な表現　……　111
《困る》「弱ったなあ」と感じたときのひと言　……………　113
《困る》「参ったなあ」と感じたときのひと言　……………　115
《緊張・恐怖》「嫌だなあ」と感じたときのフレーズ　……………　117
《不安・あきらめ》　マイナス気分は、こんな言葉にできる①　……………　119
《不安・あきらめ》　マイナス気分は、こんな言葉にできる②　……………　121
《怒り・イライラ》　ムカッとしたときのとっさのひと言とは？　………　123
《怒り・イライラ》　怒りの理由を、英語で説明できますか　……………　125
《体調不安》「体調が悪い」とき、どうやって説明する？　……………　127

6 どんな「困った」も英語を使って切り抜ける ─── 129

《断る》　毅然として使いたいお断りフレーズ …………………… 131
《断る》　なるほど、そういう断り方があったんだ！ …………… 133
《否定》　「ちがう」と思ったときの決め手のひと言① ………… 135
《否定》　「ちがう」と思ったときの決め手のひと言② ………… 137
《否定》　「ちがう」と思ったときの決め手のひと言③ ………… 139
《ケンカ》　モメているときに、効果抜群の言葉 ………………… 141
《ケンカ》　"覚悟"をもって使うようにしたい言葉 …………… 143
《ケンカ》　ケンカの言葉、仲直りしたいときの言葉 …………… 145
《謝る》　どうやってお詫びしたら、許してくれる？ …………… 147
《謝る》　相手が謝ってきたときに返したいひと言 ……………… 149
《忠告・叱る》　言いたいことがあるときの言葉の作法① …… 151
《忠告・叱る》　言いたいことがあるときの言葉の作法② …… 153
《忠告・叱る》　言いたいことがあるときの言葉の作法③ …… 155
《忠告・叱る》　言いたいことがあるときの言葉の作法④ …… 157
《忠告・叱る》　言いたいことがあるときの言葉の作法⑤ …… 159

7 誰でも最短で「ビジネス英語」の使い手になれる ─── 161

《待ち合わせ》　英語で待ち合わせすることができますか ……… 163
《待ち合わせ》　これなら、どんな状況でも待ち合わせできる …… 165
《電話》　そもそも英語で電話がかけられますか？ ……………… 167
《電話》　英語で電話がかかってきても、これならビビらない① …… 169

《電話》　英語で電話がかかってきても、これならビビらない② ‥‥ 171
《電話》　堂々と英語で電話が取れる人のフレーズ① ‥‥‥‥‥‥ 173
《電話》　堂々と英語で電話が取れる人のフレーズ② ‥‥‥‥‥‥ 175
《ＩＴ》　ここがポイント！　パソコンとインターネットの英語 ‥‥ 177
《ＩＴ》　ここで差がつく！　パソコンとインターネットの英語 ‥‥ 179
《会議》　「いい会議」は、こんなひと言からはじまる ‥‥‥‥‥‥ 181
《会議》　有意義な会議のために欠かせない言葉 ‥‥‥‥‥‥‥‥ 183
《会議》　このひと言で議題を変える！　会議を終わらせる！ ‥‥‥‥ 185

8　結局、英語ができれば「海外旅行」はもっと楽しい —— 187

《空港・機内》　飛行機に乗るなら、忘れてはいけないフレーズ① ‥ 189
《空港・機内》　飛行機に乗るなら、忘れてはいけないフレーズ② ‥ 191
《空港・機内》　飛行機に乗るなら、忘れてはいけないフレーズ③ ‥ 193
《空港・機内》　飛行機に乗るなら、忘れてはいけないフレーズ④ ‥ 195
《ホテル》　これが言えたら、ホテルがもっと快適になる① ‥‥‥‥ 197
《ホテル》　これが言えたら、ホテルがもっと快適になる② ‥‥‥‥ 199
《ホテル》　これが言えたら、ホテルがもっと快適になる③ ‥‥‥‥ 201
《レストラン》　美味しく食べるための大事なポイント① ‥‥‥‥‥ 203
《レストラン》　美味しく食べるための大事なポイント② ‥‥‥‥‥ 205
《バー》　さりげなく使ってみたい「バー」での英語 ‥‥‥‥‥‥‥ 207
《買い物》　英語で買い物をするには、ここをおさえる① ‥‥‥‥‥ 209
《買い物》　英語で買い物をするには、ここをおさえる② ‥‥‥‥‥ 211
《観光地》　観光地をまわるときに必要になる言葉① ‥‥‥‥‥‥‥ 213
《観光地》　観光地をまわるときに必要になる言葉② ‥‥‥‥‥‥‥ 215
《トラブル》　旅先で「まいった！」、こんなときどうする？ ‥‥‥‥ 217

9 「できる大人」は、こんなひと言で会話を転がす ─── 219

《趣味の話題》 共通の話題があると、仲良くなれる① ………… 221

《趣味の話題》 共通の話題があると、仲良くなれる② ………… 223

《趣味の話題》 共通の話題があると、仲良くなれる③ ………… 225

《ニュースの話題》 世の中でいま、何がおきている？………………… 227

《家族の話題》 家族の状況をていねいに質問する、説明する ……… 229

《食べ物の話題》 食べ物の話はいつでも楽しい ………………… 231

《健康の話題》 身体と健康をテーマに、英語で話せますか？ ……… 233

編集協力・ビーライン（落合英里子）
カバーイラスト・TeddyandMia/shutterstock
本文イラスト・IgorKrapar/shutterstock
ＤＴＰ・フジマックオフィス

1
大人の英会話は「あいさつ」が基本です

《あいさつ》　最初に会ったときにぴったりの「あいさつ」 …………　13
《あいさつ》　会話の口火をきるための大事な「あいさつ」 …………　15
《天気》　今日の天気を英語で言ってみよう …………………………　17
《天気》　天気の変化を英語で言ってみよう …………………………　19
《季節》　「季節」の話題をふるときのひと言 …………………………　21
《受け答え》　「最近どう？」と聞かれたらなんて答える？ ……………　23
《話しかける》　会話の「きっかけ」になる基本の言葉 ………………　25
《話しかける》　会話の「きっかけ」として便利な言葉 ………………　27
《会話の展開》　話の途中で使ってみたい便利なひと言 ……………　29
《街中》　英語を使うしかない状況に放り込まれたときの心得 ……　31
《街中》　街中で「英語が話せる人」に見えるポイント ………………　33
《道案内》　堂々と英語で道案内することができますか ……………　35
《道案内》　ていねいに英語で道案内することができますか ………　37
《話を終える》　会話を終わりにするときのちょっとしたひと言 ……　39

001 最初に会ったときにぴったりの「あいさつ」

□ はじめまして。

Nice to (　　　) you.

□ お会いできて嬉しいです。

I'm (　　　) to meet you.

□ お目にかかるのを楽しみにしていました。

I've been (　　　) (　　　) to meeting you.

□ お噂はかねがね伺っております。

I've (　　　) a lot about you.

□ またお会いできて嬉しいです。

I'm glad to see you (　　　).

□ どこかでお会いしたことはありませんか？

Haven't we (　　　) somewhere?

□ 初めてお会いすると思いますが。

I don't (　　　) we've met.

- ☐ Nice to **meet** you.
 ナイス　トゥ　ミート　ユー

 ＝ It's a pleasure [プレジャ] to meet you.　丁寧な言い方。

- ☐ I'm **glad** to meet you.
 アイム　グラッド　トゥ　ミート　ユー

 glad の代わりに happy も使う。pleased を使えば丁寧な言い方になる。

- ☐ I've been **looking forward** to meeting you.
 アイヴ　ビン　ルッキング　フォーワァド　トゥ　ミーティング　ユー

 【句】look forward to ~ing　～するのを楽しみに待つ

- ☐ I've **heard** a lot about you.
 アイヴ　ハード　ア　ラット　アバウト　ユー

 「前から会いたいと思っていた」という気持ちを表す表現。

- ☐ I'm glad to see you **again**.
 アイム　グラッド　トゥ　シー　ユー　アゲイン

 初めて会うときは meet、2回目以降に会うときは see を使う。

- ☐ Haven't we **met** somewhere?
 ハヴント　ウィ　メット　サムホウエア

 以前にお会いしましたか？　Have we met before?

- ☐ I don't **think** we've met.
 アイ　ドウント　スィンク　ウィヴ　メット

 think は believe [ビリーヴ] も可。

14

002 会話の口火をきるための大事な「あいさつ」

□ お目にかかったような気がします。

You look (　　　).

□ 偶然ですね！

What a (　　　)!

□ お久しぶりです。

It's been a (　　　) time.

□ 最後にお会いしたのはいつでしたかね？

When was the (　　　) time we met?

□ 全然お変わりないですね。

You haven't changed (　　　) (　　　).

□ 元気そうですね。

You (　　　) great.

□ 調子はどうですか？

(　　　) are you doing?

- ☐ You look **familiar**.
  ユー　ルック　ファミリア

  【形】familiar 見覚え [聞き覚え] のある（⇔ unfamiliar）

- ☐ What a **coincidence**!
  ホワット　ァ　コゥインシデンス

  世の中は狭いですね！　What a small world! / It's a small world!

- ☐ It's been a **long** time.
  イッツ　ビン　ァ　ロング　タイム

  ＝ Long time no see.　カジュアルな言い方。

- ☐ When was the **last** time we met?
  ホウェン　ワズ　ザ　ラースト　タイム　ウィ　メット

  ＝ When did we last meet?

- ☐ You haven't changed **at all**.
  ユー　ハヴント　チェインジド　アット　オール

  ＝ You look just the same.

- ☐ You **look** great.
  ユー　ルック　グレイト

  忙しそうですね。　You sound [サウンド] busy.

- ☐ **How** are you doing?
  ハゥ　アー　ユー　ドゥーイング

  お元気でしたか？　How have you been?

003 今日の天気を英語で言ってみよう

天気

大人の英会話は「あいさつ」が基本です

□ いい天気ですね。

(　　　) day, isn't it?

□ 蒸しますね。

It's very (　　　), isn't it?

□ 今日の最高気温は35度だって。

The (　　　) will be 35 degrees today.

□ この暑さ、耐えられない。

I can't (　　　) the heat.

□ 今日は過ごしやすいですね。

The (　　　) is nice today, isn't it?

□ 日が短くなってきました。

The days are (　　　) shorter.

□ 今朝は冷えますね。

It's (　　　) this morning.

- ☐ **Beautiful** day, isn't it?
  ビュータフル デイ イズント イット

  嫌な天気ですね。 Disgusting [Nasty] day, isn't it?

- ☐ It's very **humid**, isn't it?
  イッツ ヴェリ ヒューミッド イズント イット

  【形】humid (不快なほど) 湿気の多い、(高温) 多湿の

- ☐ The **maximum** will be 35 degrees today.
  ザ マキシマム ウィル ビィ サーティ ファイヴ ディグリーズ トゥデイ

  「最高気温」は the high とも言う。「最低気温」は the minimum / the low。

- ☐ I can't **bear** the heat.
  アイ キャーント ベア ザ ヒート

  ＝ The heat is killing me.

- ☐ The **weather** is nice today, isn't it?
  ザ ウェザァ イズ ナイス トゥデイ イズント イット

  ＝ It's a pleasant [プレズント] day, isn't it?

- ☐ The days are **getting** shorter.
  ザ デイズ アー ゲッティング ショータァ

  日が長くなってきました。 The days are getting longer.

- ☐ It's **chilly** this morning.
  イッツ チリィ ディス モーニング

  吐く息が白い。 I can see my breath [ブレス]。

天気の変化を英語で言ってみよう

□ 雪になるかもしれない。

There (　　) be snow.

□ ひと雨、来そうですね。

It looks (　　) rain.

□ 台風が近づいているらしいですよ。

A typhoon is on the (　　), I heard.

□ すごいどしゃ降りだ！

What a (　　)!

□ やっと雨が上がりましたね。

The rain has finally (　　).

□ 明日の天気は？

What's the (　　) like tomorrow?

□ 明日は晴れるようです。

It will be (　　) tomorrow.

- ☐ There **may** be snow.
  ゼァ メィ ビィ スノゥ

  【句】There may be 〜 . 〜があるかもしれない。

- ☐ It looks **like** rain.
  イット ルックス ライク レイン

  雨になりそうですか？ Is it going to rain?

- ☐ A typhoon is on the **way**, I heard.
  ァ タイフーン イズ オン ザ ウェィ アイ ハード

  雷が鳴った。 The thunder [**サン**ダァ] rolled [cracked].

- ☐ What a **downpour**!
  ホ**ワ**ット ァ **ダ**ウンポァ

  ＝ It's raining heavily [hard].

- ☐ The rain has finally **lifted**.
  ザ レイン ハズ **ファ**イナリィ **リ**フティッド

  虹がかかったよ。 A rainbow appeared [ァ**ピ**アド].

- ☐ What's the **weather** like tomorrow?
  ホ**ワ**ッツ ザ **ウェ**ザァ ライク トゥモロゥ

  ＝ What's the forecast [**フォ**ーキャスト] for tomorrow?

- ☐ It will be **sunny** tomorrow.
  イット ウィル ビィ **サ**ニィ トゥモロゥ

  「曇り」は cloudy [ク**ラ**ウディ]、「雨」は rainy [**レ**イニィ]。

20

「季節」の話題をふるときのひと言

□ 暖かくなってきましたね。

It's getting (　　).

□ 春らしくなりましたね。

It (　　) like spring is already here.

□ もう桜を見ましたか？

Have you seen the cherry (　　) yet?

□ 梅雨入りしたらしい。

It looks like the rainy (　　) has kicked in.

□ 秋の訪れを感じます。

I (　　) autumn in the air.

□ 葉が色づいてきました。

The autumn leaves are (　　) color.

□ 今年は暖冬だって。

It's going to be a (　　) winter this year.

- ☐ It's getting **warmer**.
  イッツ ゲッティング **ウォー**マァ

  寒くなりましたね。 It's getting cold.

- ☐ It **feels** like spring is already here.
  イット フィールズ ライク スプリング イズ オールレディ ヒァ

  【句】feel like 〜 〜のような気がする

- ☐ Have you seen the cherry **blossoms** yet?
  ハヴ ユー シーン ザ チェリィ ブラッサムズ ィエット

  桜が満開です。 Cherry blossoms are in full bloom [ブルーム].

- ☐ It looks like the rainy **season** has kicked in.
  イット ルックス ライク ザ レイニィ シーズン ハズ キックト イン

  梅雨が明けました。 The rainy season has ended.

- ☐ I **feel** autumn in the air.
  アイ フィール オータム イン ズィ エア

  = I can smell autumn.　　autumn「秋」は fall [フォール] とも言う。

- ☐ The autumn leaves are **changing** color.
  ズィ オータム リーヴズ アー チェインジング カラァ

  もみじ狩りに行こうよ。 Let's go to see the autumn leaves.

- ☐ It's going to be a **warm** winter this year.
  イッツ ゴウイング トゥ ビィ ァ ウォーム ウィンタァ ディス イァ

  「厳冬」は a severe [シヴィァ] winter。

「最近どう？」と聞かれたらなんて答える？

□ 調子いいですよ。

It's going pretty (   ).

□ 元気にやっております。

I'm (   ) pretty good.

□ まあまあです。

Not (   ) bad.

□ 相変わらずです。

Much the (   ).

□ なんとかやっています。

I'm (   ) by.

□ あまりうまくいっていないんだよ。

Not so (   ).

□ 相変わらず忙しくて。

I've been keeping (   ).

- ☐ It's going pretty **well**.
  イッツ ゴウイング プリティ **ウェ**ル

  = Everything's fine.　【副】pretty かなり、非常に

- ☐ I'm **doing** pretty good.
  アイム ドゥーイング プリティ **グッ**ド

  = I'm doing fine.

- ☐ Not **too** bad.
  ナット トゥー バーッド

  = All right. / Can't complain.　「まあまあ良い」というニュアンス。

- ☐ Much the **same**.
  マッチ ザ **セイ**ム

  = Same as usual [always]. / Nothing much [special].

- ☐ I'm **getting** by.
  アイム **ゲッ**ティング バイ

  = Just getting by.　「ぼちぼちです」といった曖昧なニュアンス。

- ☐ Not so **good**.
  ナット ソウ **グッ**ド

  = Not very [so / too] well. / Could be better.

- ☐ I've been keeping **busy**.
  アイヴ ビン **キー**ピング ビズィ

  とても忙しくて。　Things are really hectic [**ヘク**ティック].

007 会話の「きっかけ」になる基本の言葉

話しかける

□ 話したいことがあるのですが。

I've ( ) something I'd ( ) to talk about.

□ 言いにくいんだけど。

I don't know how to ( ) this.

□ ちゃんと話そう。

We better ( ).

□ 少しお時間よろしいですか？

Do you have a ( )?

□ 今、忙しいですか？

Are you ( ) now?

□ おしゃべりしましょうよ。

Let's have a ( ).

□ 何、嬉しそうだね？

What are you ( ) about?

☐ I've **got** something I'd **like** to talk about.
アイヴ ガット **サム**スィング アイド ライク トゥ **ト**ーク アバウト

= There's something I want to tell you. / Can I have a word with you?

☐ I don't know how to **put** this.
アイ ドント ノゥ ハゥ トゥ **プット** ディス

【動】put (考えなどを)言葉に置きかえる、表現する、言う

☐ We better **talk**.
ウィ ベタァ トーク

ちょっと話そう。 Let's talk.

☐ Do you have a **minute**?
ドゥ ユー ハヴ ァ **ミ**ニット

minute の代わりに second [**セ**カンド] や moment [**モ**ゥメント] も使う。

☐ Are you **busy** now?
アー ユー **ビ**ズィ ナゥ

今、暇ですか? Are you free now?

☐ Let's have a **chat**.
レッツ ハヴ ァ **チャ**ット

【名】chat おしゃべり、歓談

☐ What are you **smiling** about?
ホ**ワ**ット アー ユー ス**マ**イリング アバウト

「何を考えてニコニコしているの?」と話を聞き出す表現。

008 会話の「きっかけ」として便利な言葉

話しかける

□ おじゃまですか？

　Am I (　　) you?

□ どうしたの？

　What (　　)?

□ ねえ、聞いて。

　I tell you (　　).

□ そう言えばさ…。

　(　　) about that, ...

□ それはさておき…。

　(　　) it aside, ...

□ ほかの話をしよう。

　Let's talk about something (　　).

□ ちなみに…。

　For your (　　), ...

- ☐ Am I **bothering** you?
  アム　アイ　**バ**ザリング　ユー

  じゃまして悪いのですが。 Sorry to interrupt [インタ**ラ**プト] (you).

- ☐ What **happened**?
  ホ**ワ**ット　**ハ**プンド

  いつもと様子が異なる人に「何かあった？」と気遣う表現。

- ☐ I tell you **what**.
  アイ　テル　ユー　ホ**ワ**ット

  ねえ、知ってる？ Guess what? / You know what [something]?

- ☐ **Talking** about that, ...
  トーキング　アバウト　ザット

  ＝ Now that you mention [**メ**ンシャン] it, ...

- ☐ **Putting** it aside, ...
  プッティング　イット　ア**サ**イド

  話は変わるけど…。 To change the subject, ... / By the way, ...

- ☐ Let's talk about something **else**.
  レッツ　トーク　アバウト　**サ**ムスィング　**エ**ルス

  話題を変えよう。 Let's change the subject [topic].

- ☐ For your **information**, ...
  フォー　ユア　インファ**メ**イシャン

  メールなどでは、頭文字をとって FYI と表すこともある。

009 話の途中で使ってみたい便利なひと言

会話の展開

□ ここだけの話だけど。

This is just ( ) you and me.

□ 誰にも言わないでよ。

Don't tell ( ).

□ それで思い出した。

That ( ) me.

□ ど忘れしちゃった。

It slipped my ( ).

□ 例を挙げましょう。

Here's an ( ).

□ いいことを教えてあげる。

Here's a ( ).

□ 話を続けてください。

I'm all ( ).

- ☐ This is just **between** you and me.
  ディス イズ ジャスト ビトゥ**イ**ーン **ユー** アンド **ミー**

  = (Just) between ourselves [アウァ**セ**ルヴズ].

- ☐ Don't tell **anyone**.
  ドント テル **エ**ニワン

  = Don't breathe [ブリーズ] a word. / Keep this quiet [ク**ワ**イアト], OK?

- ☐ That **reminds** me.
  ザット リ**マ**インド ミー

  = Now I remember [リ**メ**ンバァ]. 【動】remind (人に) 思い出させる

- ☐ It slipped my **mind**.
  イット ス**リ**ップト マイ マインド

  どうしても思い出せない。 I can't remember for the life of me.

- ☐ Here's an **example**.
  ヒァズ アン イグ**ザ**ンプル

  = Let's take an example.

- ☐ Here's a **tip**.
  ヒァズ ア **ティ**ップ

  【名】tip 内部情報、秘密情報、予想、助言、秘訣

- ☐ I'm all **ears**.
  アイム **オ**ール **イ**ァーズ

  = I'm listening. / I'm ready to listen. 相手の話を促す表現。

010 英語を使うしかない状況に放り込まれたときの心得

街中

- □ (エレベーターや入り口などで) お先にどうぞ。

    ( ) you.

- □ (人に話しかけるとき) 失礼ですが。

    ( ) me.

- □ 何かお困りですか？

    Can I ( ) you?

- □ この席に座ってもいいですか？

    Can I ( ) this seat?

- □ (エレベーターで) 何階に行かれますか？

    ( ) floor would you like?

- □ (エレベーターや電車などで) すみません、降ります。

    Excuse me, I'm ( ) ( ) here.

- □ 頭上に気をつけて。

    ( ) your head.

1 大人の英会話は「あいさつ」が基本です

- □ **After** you.
  アーフタ ユー

  ＝ Go ahead [ア**ヘ**ッド]. / You go first.

- □ **Excuse** me.
  イクス**キュ**ーズ ミー

  ＝ Pardon me.　人にぶつかって「すみません」といった場合にも使う。

- □ Can I **help** you?
  キャン アイ **ヘ**ルプ ユー

  ＝ Do you need some help?

- □ Can I **take** this seat?
  キャン アイ **テ**イク ディス シート

  この席は空いていますか？ Is this seat taken?

- □ **Which** floor would you like?
  ホ**ウィ**ッチ **フ**ロァ ウッド ユー ライク

  上 [下] へ行きますが乗りますか？ Going up [down]?

- □ Excuse me, I'm **getting off** here.
  イクス**キュ**ーズ ミー アイム **ゲ**ッティング オフ ヒァ

  【句】get off（乗り物から）降りる（⇔ get on）

- □ **Mind** your head.
  マインド ユア **ヘ**ッド

  mind は watch も可。　足元に気をつけて。 Mind [Watch] your step.

32

011 街中で「英語が話せる人」に見えるポイント

街中

□ どうかしましたか？

　Is anything (　　　)?

□ 大丈夫ですか？

　Are you all (　　　)?

□ （トイレなどで席を外すとき）ちょっと失礼します。

　May I be (　　　)?

□ （トイレや試着室などで）誰か入っていますか？

　Is (　　　) there?

□ （電車の座席やベンチなどで）少しつめてもらえますか？

　Could you (　　　) (　　　) a bit?

□ （列に）並んでいますか？

　Are you in (　　　)?

□ あなたは列の最後尾ですか？

　Are you at the (　　　) of the line?

- ☐ Is anything **wrong**?
  イズ　エニスィング　**ローング**

  = What's wrong? / What's the matter [**マタァ**]?

- ☐ Are you all **right**?
  アー　ユー　オール　**ライト**

  = Are you OK? / Is everything OK [all right]?

- ☐ May I be **excused**?
  メィ　アイ　ビィ　イクス**キューズ**ド

  = One minute, I'll be right back.

- ☐ Is **anyone** there?
  イズ　**エニワン**　ゼァ

  今、誰か入っていますよ。Someone is in now. / It's taken [occupied].

- ☐ Could you **move over** a bit?
  クッド　ユー　**ムーヴ**　**オ**ゥヴァ　ア　ビット

  【句】move over 場所を空ける、席をつめる

- ☐ Are you in **line**?
  アー　ユー　イン　**ライン**

  (列に) 並んでください！ Please line up!

- ☐ Are you at the **end** of the line?
  アー　ユー　アット　ズィ　**エンド**　アヴ　ザ　**ライン**

  これは何の列ですか？ What's this line for?

012 堂々と英語で道案内することができますか
道案内

□ グーグルで調べてみますね。

I'll (google) it for you.

□ 私も同じ方向へ行くところです。

I'm going in the same (direction).

□ 案内しますので、ついてきてください。

I'll show you the way, (follow) me.

□ 歩いてほんの5分です。

It's just a five-minute (walk).

□ かなり遠いです。

It's quite a long (way).

□ あちらの方向です。

It's that (way).

□ すみませんが、わかりません。

Sorry, but I'm not (sure).

- ☐ I'll **google** it for you.
  アイル　**グーグル**　イット　フォ　ユー

  地図を描きましょうか？　Shall I draw [ドゥ**ロー**] you a map?

- ☐ I'm going in the same **direction**.
  アイム　ゴウイング　イン　ザ　セイム　ディ**レク**シャン

  一緒に行きましょう。 I'll walk with you. / Shall I go with you?

- ☐ I'll show you the way, **follow** me.
  アイル　**ショウ**　ユー　ザ　ウェイ　**ファ**ロウ　ミー

  すぐそこですよ。 It's really close to here. / It's quite close.

- ☐ It's just a five-minute **walk**.
  イッツ　ジャスト　ア　**ファイヴ**　ミニット　ウォーク

  歩いて 30 分ほどかかります。 It takes about thirty minutes on foot.

- ☐ It's quite a long **way**.
  イッツ　クワイト　ア　**ロング**　ウェイ

  タクシーで行ったほうがいいですよ。 You should grab a taxi.

- ☐ It's that **way**.
  イッツ　**ザッ**ト　ウェイ

  ＝ Go that way.　指で方向を指し示しながら案内しよう。

- ☐ Sorry, but I'm not **sure**.
  サーリィ　バット　アイム　**ナッ**ト　シュア

  ＝ Sorry, I don't know. / I'm a stranger here.

013 ていねいに英語で道案内することができますか

道案内

大人の英会話は「あいさつ」が基本です

□ まっすぐ行ってください。

　Go (　　) ahead.

□ 最初の信号を右に曲がってください。

　(　　) right at the first traffic light.

□ この道のつきあたりです。

　It's at the (　　) of this street.

□ 反対側にコンビニがあります。

　A convenience store is on the (　　) side.

□ 大江戸線に乗ってください。

　(　　) the Oedo Line.

□ 浅草駅で降りてください。

　(　　) (　　) at Asakusa Station.

□ 上野駅で銀座線に乗り換えてください。

　(　　) to the Ginza Line at Ueno Station.

- ☐ Go **straight** ahead.
  ゴゥ　ストゥ**レ**イト　ア**ヘ**ッド

  通りを渡ってください。 Cross the street.

- ☐ **Turn** right at the first traffic light.
  ターン　**ラ**イト　アット　ザ　**ファ**ースト　トゥ**ラ**フィック　**ラ**イト

  次の角を左に曲がってください。 Turn left at the next corner.

- ☐ It's at the **end** of this street.
  イッツ　アット　ズィ　**エ**ンド　アヴ　ズィス　ストゥ**リ**ート

  通りの向かい側です。 It's across the street.

- ☐ A convenience store is on the **opposite** side.
  ァ　カン**ヴィ**ーニァンス　ストァ　イズ　オン　ズィ　**ア**ポズィット　サイド

  スターバックスの隣です。 It's next to a Starbucks.

- ☐ **Take** the Oedo Line.
  テイク　ズィ　**おおえど**　ライン

  六本木方面に向かう電車に乗ってください。 Take the train bound for Roppongi.

- ☐ **Get off** at Asakusa Station.
  ゲット　**オ**フ　アット　**あさくさ**　ステイシャン

  ここから5つ目の駅です。 It's the fifth stop from here.

- ☐ **Change** to the Ginza Line at Ueno Station.
  チェインジ　トゥ　ザ　**ぎんざ**　ライン　アット　**うえの**　ステイシャン

  change to 〜「〜に乗り換える」は transfer to 〜 / switch to 〜も可。

014 会話を終わりにするときのちょっとしたひと言

話を終える

□ 以上です。

That's ( ).

□ そろそろ終わりにしませんか？

( ) don't we ( ) talking?

□ お目にかかれてよかったです。

It was nice ( ) you.

□ また連絡します。

I'll be ( ) ( ).

□ 失礼します。

I'm ( ) now.

□ 元気でね。

( ) care.

□ よい1日を。

( ) a nice day.

- ☐ That's **all**.
    ザッツ **オール**

    = That's it. / That's that. / That's about it.

- ☐ **Why** don't we **stop** talking?
    ホワイ ドント ウィ ス**タ**ップ トーキング

    【句】Why don't we stop 〜ing?　〜するのをやめにしませんか？

- ☐ It was nice **meeting** you.
    イット ワズ **ナ**イス ミーティング ユー

    nice は good / great も可。a pleasure を使えば丁寧な言い方になる。

- ☐ I'll be **in touch**.
    アイル ビィ イン **タ**ッチ

    連絡くださいね。 Let's keep in touch. / Hope to hear from you.

- ☐ I'm **off** now.
    アイム **オ**ーフ ナウ

    = I'm going to leave now. / I'm out of here. / I'm gone.

- ☐ **Take** care.
    テイク **ケ**ァ

    = Take it easy.　│　またね。 See you soon [later]. / Bye for now.

- ☐ **Have** a nice day.
    ハヴ ァ **ナ**イス デイ

    = Have a good time.　│　あなたもね。 You, too. / Same to you.

2
英語でもっと仲良くなるには、コツがいる

《質問する》　恥ずかしがらずに、なんでも聞いてみよう …………… 43

《あいづち》　いい「あいづち」が会話を弾ませる ……………… 45

《コメント》　ひと言コメントがうまい人の言い方 ………………… 47

《聞き返す》　聞き返したいときの使えるひと言フレーズ ………… 49

《ぼかす》　はっきり言えないときのひと言フレーズ ……………… 51

《かわす》　フワッと答えたいときのひと言フレーズ ……………… 53

《話題を掘る》　会話上手が実践するうまい「聞き方」 ……………… 55

《話題を掘る》　詳しく知りたいと思ったときの正しい「聞き方」 …… 57

015 質問する
恥ずかしがらずに、なんでも聞いてみよう

□ ご職業は何ですか？

What do you do for (　　　)?

□ ご出身はどちらですか？

Where (　　　) you (　　　)?

□ なぜ日本に来たのですか？

What (　　　) you to Japan?

□ 日本に来てどれくらいになりますか？

(　　　) (　　　) have you been in Japan?

□ どこか観光しましたか？

Where did you go (　　　)?

□ 何か日本食を食べましたか？

Have you (　　　) any Japanese food?

□ お好きな食べ物は何ですか？

What's your (　　　) food?

☐ What do you do for **living**?
ホ**ワ**ット　ドゥ　ユー　**ドゥー**　フォ　**リ**ヴィング

＝ What do you do?　ご専攻は何ですか？ What's your major?

☐ Where **are** you **from**?
ホウ**エ**ァ　アー　ユー　フラム

アメリカのどこですか？ Where in America?

☐ What **brought** you to Japan?
ホ**ワ**ット　ブロート　ユー　トゥ　ジャパン

日本は初めてですか？ Is this your first visit to Japan?

☐ **How long** have you been in Japan?
ハウ　**ロ**ング　ハヴ　ユー　ビーン　イン　ジャパン

日本にはどのくらい滞在するのですか？ How long will you stay in Japan?

☐ Where did you go **sightseeing**?
ホウ**エ**ァ　ディッド　ユー　ゴゥ　**サ**イトゥシーイング

どこがよかったですか？ Where was the best place?

☐ Have you **tried** any Japanese food?
ハヴ　ユー　トゥライド　エニ　ジャパニーズ　**フ**ード

焼き鳥を食べたことはありますか？ Have you ever tried Yakitori?

☐ What's your **favorite** food?
ホ**ワ**ッツ　ユァ　**フェ**イヴァリット　**フ**ード

ミュージシャンは誰が好きですか？ Who's your favorite musician?

016 いい「あいづち」が会話を弾ませる

□ おっしゃる通り。

　That's (　　　).

□ 確かにそうだ。

　Good (　　　).

□ なるほど。

　I (　　　).

□ やっぱりね。

　I (　　　) it.

□ 私もそう思う。

　I feel the (　　　) way.

□ そうだといいね。

　I (　　　) so.

□ おもしろそうだね。

　That (　　　) like fun.

- ☐ That's **right**.
  ザッツ　**ライト**

  = You're (completely) right. / Absolutely. / Exactly.

- ☐ Good **point**.
  グッド　**ポイント**

  = That's a good point. / Well put. / Well said.

- ☐ I **see**.
  アイ　シー

  = That explains it. / (That) makes sense.

- ☐ I **knew** it.
  アイ　**ニュー**　イット

  = That's what I thought.

- ☐ I feel the **same** way.
  アイ　フィール　ザ　**セイム**　ウエィ

  = I think so, too. / I agree with you. / I'm with you.

- ☐ I **hope** so.
  アイ　**ホウプ**　ソウ

  そうじゃなきゃいいけど。 I hope not.

- ☐ That **sounds** like fun.
  ザット　**サウンズ**　ライク　**ファン**

  それはおかしい。 That's funny.　　肯定的にも否定的にも使う。

017 ひと言コメントがうまい人の言い方

□ あやしいな。

　Something's (　　　).

□ 信じられない！

　That's (　　　)!

□ まさか！

　(　　　) way!

□ あり得ない！

　It can't be (　　　)!

□ 笑える！

　What a (　　　)!

□ よくわからなかったよ。

　I didn't quite (　　　) that.

□ ねえ、わかるでしょ。

　You (　　　) what I'm talking about.

- ☐ Something's **fishy**.
  サムスィングズ **フィッシィ**

  = That sounds fishy.　【形】fishy 疑わしい、うさんくさい

- ☐ That's **unbelievable**!
  ザッツ　アンビ**リー**ヴァブル

  = I can't believe it!　肯定的にも否定的にも使う。

- ☐ **No** way!
  ノゥ　ウエィ

  = Says you!　「うそだろ」「あり得ない」という否定的な表現。

- ☐ It can't be **true**!
  イット　**キャー**ント　ビィ　**トゥルー**

  = Impossible!　冗談でしょ！　You are kidding! / No kidding!

- ☐ What a **laugh**!
  ホワット　ア　**ラーフ**

  = That's hilarious [ヒ**ラ**リァス] ! / I can't stop laughing.

- ☐ I didn't quite **catch** that.
  アイ　**ディ**ドゥント　クワイト　**キャッチ**　ザット

  catch は get / understand も可。

- ☐ You **know** what I'm talking about.
  ユー　**ノゥ**　ホワット　アイム　**トー**キング　アバウト

  = You know what I mean.

018 聞き返したいときの使えるひと言フレーズ

聞き返す

□ もう少しゆっくり話していただけますか？

Could you speak (　　) (　　), please?

□ どういう意味ですか？

What does it (　　)?

□ 本当ですか？

Are you (　　)?

□ 何とおっしゃいましたか？

(　　)?

□ 私の言ってること、わかりますか？

You (　　) me?

□ もう一度お願いします。

Could you say that (　　)?

□ どこまで話したっけ？

Where (　　) I?

- ☐ Could you speak **more slowly**, please?
  クッド　ユー　スピーク　モァ　ス**ロ**ゥリ　プリーズ

  Could you は Would you / Can you も可。

- ☐ What does it **mean**?
  ホ**ワ**ット　ダズ　イット　**ミ**ーン

  要するにどういうことですか？　What's the point? / In short?

- ☐ Are you **sure**?
  アー　ユー　**シュ**ア

  ＝ Really? / Is that so [right / true]?

- ☐ **Sorry**?
  サーリィ

  ＝ I'm sorry? / Pardon? / Excuse me?　語尾を上げて聞き返す。

- ☐ You **got** me?
  ユー　**ガ**ット　ミー

  ＝ (Do you) get the picture? / Are you following me?

- ☐ Could you say that **again**?
  クッド　ユー　セイ　ザット　ア**ゲ**ィン

  ＝ I beg your pardon [**パ**ードゥン] ? / Pardon me? / Come again?

- ☐ Where **was** I?
  ホウ**エ**ァ　**ワ**ズ　アイ

  何の話だったっけ？　Where were we?

50

019 はっきり言えないときのひと言フレーズ

□ ええと。

　Let me (　　　).

□ 何と言ったらいいか。

　How should I (　　　) this?

□ そういうわけでもないけど。

　(　　　) exactly.

□ ただ、何となく。

　For some (　　　).

□ ただ、そういうふうに思っただけ。

　It was (　　　) a thought.

□ ちょっと考えさせて。

　(　　　) me think.

□ 見当もつかない。

　I have (　　　) idea.

- ☐ Let me **see**.
  レット　ミー　シー

  = Let's see. / Well.　言葉につまったときの表現。

- ☐ How should I **put** this?
  ハゥ　シュッド　アイ　**プ**ット　ディス

  = What should I say?

- ☐ **Not** exactly.
  ナット　イグ**ザ**クトゥリィ

  = Not really.　「いや、別に」「そうでもない」という遠慮がちな否定。

- ☐ For some **reason**.
  フォ　サム　**リ**ーズン

  = No particular [パ**ティ**キュラァ] reason. / I just feel like it.

- ☐ It was **just** a thought.
  イット　ワズ　**ジャ**スト　ァ　**ソ**ート

  ちょっと聞いてみただけ。Just checking. / Just asking.

- ☐ **Let** me think.
  レット　ミー　**ス**ィンク

  【句】Let me 〜 . 私に〜させてください。

- ☐ I have **no** idea.
  アイ　ハヴ　**ノ**ゥ　アイ**ディ**ーァ

  = No clue [ク**ル**ー].　【名】clue 手がかり、糸口、ヒント

020 フワッと答えたいときの ひと言フレーズ

□ 一身上の都合です。

For ( ) reasons.

□ たぶんね。

( ).

□ そうかもしれません。

It ( ) be.

□ さあ、どうかな。

Can't ( ).

□ 先のことはわからないけどね。

You ( ) know.

□ どちらとも言えない。

( ) and ( ).

□ 決められないよ。

I can't ( ) up my ( ).

☐ For **personal** reasons.
フォ パーソナル リーズンズ

個人的なことです。 That's a private [プライヴット] matter.

☐ **Maybe**.
メイビー

possibly ＜ perhaps ＜ maybe ＜ probably 右に行くほど確信の度合いが強い。

☐ It **could** be.
イット クッド ビィ

＝ I guess so. / That sounds possible. / You may be right.

☐ Can't **say**.
キャーント セイ

＝ It's difficult to say. / I'm not sure. / Fifty-fifty.

☐ You **never** know.
ユー ネヴァ ノゥ

＝ You never can tell. / Anything's possible. / Anything can happen.

☐ **Yes** and **no**.
イェス アンド ノゥ

＝ It depends.　　Yes or no! は「はっきりして！」という意味。

☐ I can't **make** up my **mind**.
アイ キャーント メイク アップ マイ マインド

優柔不断なんだ。I'm too indecisive [インディサイシヴ].

54

021 会話上手が実践するうまい「聞き方」

話題を掘る

□ 具体的に言うと？

( )?

□ 例えば？

For ( )?

□ どうして？

( ) come?

□ その後どうなったの？

What ( ) next?

□ その話、聞きたいなあ。

I'd ( ) to ( ) the story.

□ どうぞ続けてください。

( ) ahead, please.

□ 私が知りたいのはそこです。

That's the ( ).

- □ **Specifically**?
  スピ**シ**フィカリィ

  = Can you be more specific [スピ**シ**フィック]?

- □ For **example**?
  フォ　イグ**ザ**ンプル

  = Such as? / Like what?

- □ **How** come?
  ハゥ　カム

  = Why's that?　　どうしてそんなことしたの？　How could you?

- □ What **happened** next?
  ホ**ワ**ット　ハプンド　**ネ**クスト

  それで結果は？　And the result [リ**ザ**ルト]?

- □ I'd **like** to **hear** the story.
  アイド　**ラ**イク　トゥ　ヒァ　ザ　ス**ト**ーリィ

  = I'd love to hear about it.

- □ **Go** ahead, please.
  ゴゥ　ア**ヘ**ッド　プリーズ

  = Go on, please. / Please continue [カン**ティ**ニュー].

- □ That's the **point**.
  ザッツ　ザ　**ポ**イント

  = That's what I want to know.

022 詳しく知りたいと思ったときの正しい「聞き方」

話題を掘る

□ もっと詳しく教えてください。

　　Tell me ( ) about it.

□ どうでしたか？

　　( ) was it?

□ あなたならどうしますか？

　　What would you do ( ) you were me?

□ どう思う？

　　( ) me what you think.

□ 時間があるときは何をしていますか？

　　What do you like to do in your ( ) time?

□ どんなスポーツが好きですか？

　　What ( ) of sports do you like?

□ ご家族は何人ですか？

　　( ) ( ) people are there in your family?

- ☐ Tell me **more** about it.
  テル ミー **モァ** アバウト イット

  ＝ I want to know more about it. / Fill me in.

- ☐ **How** was it?
  ハゥ ワズ イット

  ＝ How did you like it?　感想を尋ねる表現。

- ☐ What would you do **if** you were me?
  ホ**ワ**ット ウッド ユー **ドゥ**ー イフ ユー ワァ ミー

  「もしあなたが私だったら」という仮定法を使った表現。

- ☐ **Tell** me what you think.
  テル ミー ホワット ユー ス**ィ**ンク

  正直に言って。I want your honest [**ア**ネスト] opinion.

- ☐ What do you like to do in your **free** time?
  ホ**ワ**ット ドゥ ユー **ラ**イク トゥ ドゥ イン ユァ フリー タイム

  ＝ How do you spend your free time?　趣味を尋ねる表現。

- ☐ What **kind** of sports do you like?
  ホ**ワ**ット **カ**ィンド アヴ スポーツ ドゥ ユー ライク

  何かスポーツはなさいますか？　Do you play any sports?

- ☐ **How many** people are there in your family?
  ハゥ **メ**ニ ピープル アー ゼァ イン ユァ **ファ**ミリィ

  ご兄弟はいますか？　Do you have any brothers or sisters?

3
言葉のやりとりが、「人間関係」の土台をつくる

《**お願いする**》「頼みごと」があるときのちょっとした言い方 ……… 61

《**受け入れる**》 お願いされたときの正しい「受け方」 ………… 63

《**意思表示**》 自分の「気持ち」をきちんと伝えられますか ………… 65

《**妥協する**》 うまい"落としどころ"はどこにある？ ………… 67

《**誘う・提案**》 おもわず相手がうなずく提案の方法 ………… 69

《**誘う・提案**》 そういう提案のコツがあったのか ………… 71

《**声をかける**》 前向きな言葉が、いい関係をつくる ………… 73

《**声をかける**》 好感度アップのポジティブなモノ言い ………… 75

023 「頼みごと」があるときの ちょっとした言い方

お願いする

□ お願いがあるのですが。

　　Could you do me a (　　　)?

□ 手伝ってくれますか？

　　Can you (　　　) me a (　　　)?

□ 何とかなりませんか？

　　Can you (　　　)?

□ そこを何とか。

　　(　　　) a heart.

□ 今度だけでいいから。

　　(　　　) this once.

□ 堅いこと言わないで。

　　(　　　) up, please.

□ 一生のお願いです。

　　I'm (　　　) you.

3 言葉のやりとりが、「人間関係」の土台をつくる

- ☐ Could you do me a **favor**?
  クッド ユー ドゥー ミー ア フェイヴァ

  = May I ask you a favor?　【名】favor 親切な行為、世話

- ☐ Can you **give** me a **hand**?
  キャン ユー ギヴ ミー ア ハンド

  = Will you help me?　【句】give 〜 a hand 〜に手を貸す、〜を助ける

- ☐ Can you **manage**?
  キャン ユー マニッジ

  考え直してくれませんか？　Won't you reconsider [リーカンシダァ]？

- ☐ **Have** a heart.
  ハヴ ア ハート

  直訳は「同情してくれ」。「勘弁して」と容赦を求めるときにも使う。

- ☐ **Just** this once.
  ジャスト ディス ワンス

  = Just this once won't matter.

- ☐ **Lighten** up, please.
  ライトゥン アップ プリーズ

  【句】lighten up 厳しくしない、手加減する

- ☐ I'm **begging** you.
  アイム ベギング ユー

  【動】beg (好意・恩恵などを人に) 懇願する、請う

024 お願いされたときの正しい「受け方」

□ 喜んでそうさせていただきます。

I'd be (　　) to.

□ 了解です。

I (　　) it.

□ いいですよ。

No (　　).

□ もちろん。

Why (　　)?

□ お安いご用です。

It's a (　　) of cake.

□ 何とかしましょう。

I'll (　　) out.

□ いいと思うよ。

(　　) good.

- ☐ I'd be **glad** to.
  アイド　ビィ　**グラッド**　トゥ

  = I'd love to. / With pleasure.　glad は happy / pleased も可。

- ☐ I **got** it.
  アイ　**ガット**　イット

  「わかりました」「任せてください」という表現。

- ☐ No **problem**.
  ノゥ　**プラブレム**

  = No trouble. / Okay. / Sure (thing). / Certainly. / Anytime.

- ☐ Why **not**?
  ホワイ　**ナー**ット

  = By all means.　丁寧な言い方。

- ☐ It's a **piece** of cake.
  イッツ　ァ　**ピース**　ァヴ　ケイク

  = It's a breeze [ブリーズ]. / No sweat [スウェット].

- ☐ I'll **make** out.
  アイル　メイク　**ア**ウト

  = I'll manage. / I'll handle [**ハ**ンドゥル] it.

- ☐ **Sounds** good.
  サウンズ　**グ**ッド

  alright ＜ good ＜ great ＜ excellent 右に行くほど「いい」の度合いが強い。

025 自分の「気持ち」を きちんと伝えられますか
意思表示

□ 賛成。

I ( ).

□ 異議なし！

No ( )!

□ 決めたよ。

I've ( ) ( ) my mind.

□ もう気は変わらない。

It's the ( ) decision.

□ やります。

I ( ) will.

□ お任せください。

( ) me.

□ 本気で言っているんです。

I ( ) it.

3 言葉のやりとりが、「人間関係」の土台をつくる

- ☐ I **agree**.
  アイ　アグリー

  = I'm for it. / I'm with you. / I'll buy that.　「賛成」「同感」を表す。

- ☐ No **objection**!
  ノゥ　アブ**ジェ**クシャン

  = No problem here. / No problem with me.

- ☐ I've **made up** my mind.
  アイヴ　メイド　**ア**ップ　マイ　**マ**インド

  = I've decided [ディ**サ**ィディッド]. / I've made my decision.

- ☐ It's the **final** decision.
  イッツ　ザ　**ファ**イナル　ディ**シ**ジャン

  = My decision is final.　直訳は「最終決定だ」。

- ☐ I **sure** will.
  アイ　**シュ**ア　ウィル

  I will. とほぼ同意だが、sure を入れると相手に好印象を与える。

- ☐ **Allow** me.
  ア**ラ**ウ　ミー

  = Permit [パァ**ミ**ット] me. / Leave it to me. / You bet I will.

- ☐ I **mean** it.
  アイ　**ミ**ーン　イット

  = I'm (dead) serious. / I'm positive. / I mean business.

026 妥協する うまい "落としどころ" は どこにある？

□ お互い、妥協しよう。

　　Let's (　　　).

□ 妥協するよ。

　　I'm willing to be (　　　).

□ 妥協点があるはず。

　　There must be a happy (　　　).

□ いいけど、ひとつ条件がある。

　　On one (　　　).

□ そこまでおっしゃるのなら。

　　If you (　　　).

□ かなり譲ったよ。

　　I made some (　　　).

□ 現実的に行こう。

　　Let's be (　　　).

3 言葉のやりとりが、「人間関係」の土台をつくる

- ☐ Let's **compromise**.
  レッツ　カ**ン**プラマイズ

  = Let's meet halfway.　【動】compromise 妥協する、歩み寄る

- ☐ I'm willing to be **flexible**.
  アイム　**ウィ**リング　トゥ　ビィ　フ**レ**クサブル

  【形】flexible 融通のきく、柔軟性のある

- ☐ There must be a happy **medium**.
  ゼァ　マスト　ビィ　ァ　ハ**ピィ**　**ミー**ディアム

  第3の方法があるかも。　There may be a third solution [サ**ルー**シャン].

- ☐ On one **condition**.
  オン　**ワ**ン　カン**ディ**シャン

  わかった、今回だけね。　OK, but just this once.

- ☐ If you **insist**.
  イフ　ユー　イン**シ**スト

  【動】insist (強く)要求する、(どうしてもと)言い張る

- ☐ I made some **concessions**.
  アイ　メイド　サム　カン**セ**シャンズ

  【名】concession 譲歩、容認

- ☐ Let's be **realistic**.
  レッツ　ビィ　リァ**リ**スティック

  【形】realistic 現実主義の、現実的な (⇔ unrealistic)

おもわず相手がうなずく提案の方法

誘う・提案

□ お時間があれば、今晩飲みに行きませんか？

Are you (　　　) to go out for (　　　) tonight?

□ おなかがすいてきた。

I'm getting (　　　).

□ ランチをご一緒しませんか？

(　　　) do you (　　　) to having lunch with me?

□ 今週末のご予定はいかがですか？

What are your (　　　) for this (　　　)?

□ 映画を見に行きませんか？

Would you like to (　　) (　　) a (　　) with me?

□ 美術館にでも行きませんか？

Why don't we go to a museum (　　　) (　　　)?

□ 渋谷で行われているフェスティバルに興味はありませんか？

Would you be (　　　) (　　　) going to a festival in Shibuya?

- ☐ Are you **free** to go out for **drinks** tonight?
  アー ユー フリー トゥ ゴウ **ア**ウト フォ ドゥ**リ**ンクス トゥ**ナ**イト

  = How [What] about a drink tonight?　カジュアルな誘い方。

- ☐ I'm getting **hungry**.
  アイム ゲッティング **ハ**ングリ

  腹ぺこだ！ I'm starving!　ちょっとおなかがすいた。 I'm kind of hungry.

- ☐ **What** do you **say** to having lunch with me?
  ホ**ワ**ット ドゥ ユー **セ**イ トゥ **ハ**ヴィング **ラ**ンチ ウィズ ミー

  【句】What do you say to 〜?　〜はどうですか? (= How about 〜?)

- ☐ What are your **plans** for this **weekend**?
  ホ**ワ**ット アー ユア **プ**ランズ フォ ディス **ウィ**ーケンド

  明日は何か予定がありますか？ Do you have any plans for tomorrow?

- ☐ Would you like to **go to** a **movie** with me?
  ウッド ユー **ラ**イク トゥ **ゴ**ゥ トゥ ァ **ム**ーヴィ ウィズ ミー

  = How about going to a movie?

- ☐ Why don't we go to a museum **or something**?
  ホ**ワ**イ ドント ウィ **ゴ**ゥ トゥ ァ ミュー**ズィ**ーアム オァ **サ**ムスィング

  【句】〜 or something　〜か何か　相手に選択肢を与える便利な表現。

- ☐ Would you be **interested in** going to a festival in Shibuya?
  ウッド ユー ビィ イン**テ**レスティッド イン **ゴ**ゥイング トゥ ァ **フェ**スティヴル イン しぶや

  【句】be interested in 〜　〜に興味 [関心] がある

028 そういう提案のコツがあったのか

誘う・提案

□ あなたも一緒に来ませんか？

　Would you like to (　　) us?

□ ナイターに行こうよ。

　(　　) go watch a night game.

□ 提案してもいいですか？

　Can I (　　) a suggestion?

□ いい考えがあります。

　Here's an (　　).

□ 賛成、それとも反対？

　Are you (　　) it or (　　) it?

□ もう一度やってみたらどう？

　(　　) don't you try again?

□ やるだけやってみたら？

　Why not take a (　　)?

3 言葉のやりとりが、「人間関係」の土台をつくる

☐ Would you like to **join** us?
ウッド ユー ライク トゥ **ジョイン** アス

= Why don't you join us? / Would you like to come along?

☐ **Let's** go watch a night game.
レッツ ゴウ ワッチ ァ **ナイト** ゲイム

ドライブに行こうよ。 Let's go for a drive.

☐ Can I **make** a suggestion?
キャン アイ **メイク** ァ サグ**ジェス**チョン

【句】make a suggestion 提案する

☐ Here's an **idea**.
ヒァズ アン アイ**ディー**ァ

= I('ve) got an idea. / I know what.

☐ Are you **for** it or **against** it?
アー ユー **フォー** イット オァ ア**ゲィ**ンスト イット

単に For or against? とも言う。

☐ **Why** don't you try again?
ホ**ワイ** ドント ユー トゥライ ァ**ゲィ**ン

【句】Why don't you ～？ ～したらどうですか？［～しませんか？］

☐ Why not take a **chance**?
ホ**ワイ** **ナ**ット テイク ァ **チャー**ンス

【句】take a chance いちかばちかやってみる

72

029 前向きな言葉が、いい関係をつくる
声をかける

□ どうもありがとう。

( ) a lot.

□ 先日はどうも。

Thanks ( ) the ( ) day.

□ ご親切にどうも。

That's very ( ).

□ またお会いしたいです。

( ) you again soon, I hope.

□ 楽しかったです。

I ( ) a great time.

□ そうしてくださると助かります。

That ( ) be good.

□ お気遣いいただかなくてもよろしかったのに。

You ( ) have.

- ☐ **Thanks** a lot.
  サンクス ア ラット

  ＝ Thanks so much. / Thank you (very much). / I appreciate it.

- ☐ Thanks **for** the **other** day.
  サンクス フォ ズィ **ア**ザァ デイ

  いろいろとお世話になりました。 Thank you for everything.

- ☐ That's very **sweet**.
  ザッツ ヴェリ ス**ウィ**ート

  ＝ That's very kind of you.

- ☐ **See** you again soon, I hope.
  シー ユー アゲィン **スー**ン アイ ホウプ

  ＝ Let's meet again soon.

- ☐ I **had** a great time.
  アイ ハッド ア グ**レ**イト タイム

  ＝ I (really) enjoyed meeting you. / I enjoyed it. / I had fun.

- ☐ That **would** be good.
  ザット ウッド ビィ **グ**ッド

  ＝ That would help.　good は great / helpful も可。

- ☐ You **shouldn't** have.
  ユー **シュ**ドゥント ハヴ

  贈り物・親切な行為などに、恐縮して感謝を表す表現。

030 声をかける
好感度アップのポジティブなモノ言い

□ 助かりました。

It was a great (　　　).

□ 何とお礼を申し上げたらいいのか。

I (　　　) thank you (　　　).

□ 恩に着るよ。

I (　　　) you one.

□ どういたしまして。

You're (　　　).

□ 構いませんよ。

Not (　　　) (　　　).

□ 気にしないで。

Don't (　　　) it.

□ お役に立ててよかった。

I'm glad I (　　　) (　　　).

- ☐ It was a great **help**.
  イット ワズ ァ グレイト ヘルプ

  = You were a big help. / You helped me a lot.

- ☐ I **can't** thank you **enough**.
  アイ **キャー**ント サンク ユー イ**ナ**フ

  【句】can't 〜 enough いくら〜しても足りない

- ☐ I **owe** you one.
  アイ **オウ** ユー ワン

  「すまないね」「借りができたな」というカジュアルな表現。

- ☐ You're **welcome**.
  ユァ **ウェ**ルカム

  welcome の前に very / most / so をつければ丁寧な言い方になる。

- ☐ Not **at all**.
  ナット アット オール

  = No problem. / That's OK. / Sure thing.

- ☐ Don't **mention** it.
  ドント **メ**ンシャン イット

  = Say nothing. / It was nothing. / No worries.

- ☐ I'm glad I **could help**.
  アイム グラッド アイ クッド ヘルプ

  = I was happy to help. / (It's) my pleasure.

4

相手に寄り添うひと言が持つ"パワー"を侮ってはいけない

《励ます》 相手の背中をポンと押すひと言 ………………………… 79
《共感する》 つらい状況でそっと伝えたい言葉 ……………… 81
《慰める》 元気を出してもらいたいときのひと言 …………… 83
《慰める》 「大丈夫だよ」と言いたいときのひと言 …………… 85
《ほめる》 ホメ上手は、相手の心を一瞬でつかむ① ………… 87
《ほめる》 ホメ上手は、相手の心を一瞬でつかむ② ………… 89
《ほめる》 ホメ上手は、相手の心を一瞬でつかむ③ ………… 91
《ほめる》 ホメ上手は、相手の心を一瞬でつかむ④ ………… 93

031 励ます 相手の背中を ポンと押すひと言

□ がんばってね！

　　(Good) luck!

□ その調子でがんばって！

　　(Keep) it up!

□ 何も心配することはないよ。

　　There's (nothing) to (worry) about.

□ やってみる価値はあるよ。

　　It's (worth) trying.

□ 絶対やるべきだよ。

　　It's a (must).

□ やるなら今だ。

　　It's (now) or (never).

□ 幸運を祈っています。

　　I'm keeping my (fingers) crossed.

4 相手に寄り添うひと言が持つ"パワー"を侮ってはいけない

- ☐ **Good** luck!
  グッド ラック

  = You can do it! / Go for it!　相手の夢や挑戦などを励ます表現。

- ☐ **Keep** it up!
  キープ イット **ア**ップ

  = Keep trying! / Stick to it!　「がんばり通して」という表現。

- ☐ There's **nothing** to **worry** about.
  ゼアズ **ナ**ッスィング トゥ **ワ**ーリィ アバウト

  = (There's) no need to worry.　怖がらないで。Don't be afraid.

- ☐ It's **worth** trying.
  イッツ **ワ**ース トゥ**ラ**イング

  = It's worth a try.　【句】be worth ～ing ～する価値がある

- ☐ It's a **must**.
  イッツ ァ **マ**スト

  【名】must　絶対必要なこと［もの］　君ならできるよ。You'll make it.

- ☐ It's **now** or **never**.
  イッツ **ナ**ゥ オァ **ネ**ヴァ

  = Now's [Here's] your chance.　「今やらなくてどうする」と励ます表現。

- ☐ I'm keeping my **fingers** crossed.
  アイム **キ**ーピング マイ **フ**ィンガァズ ク**ロ**ースト

  中指を曲げて人さし指の上に重ね、十字架のような形を作って言おう。

032 つらい状況でそっと伝えたい言葉

共感する

4 相手に寄り添うひと言が持つ"パワー"を侮ってはいけない

□ つらいですね。

It must be (　　) for you.

□ お気持ち、わかります。

I know how you (　　).

□ それは残念ですね。

That's too (　　).

□ お気の毒に。

I'm (　　) to hear that.

□ かわいそうに。

(　　) thing.

□ 心からお悔やみ申し上げます。

Please accept my deepest (　　).

- ☐ It must be **tough** for you.
  イット マスト ビィ **タフ** フォ ユー

  tough は hard / difficult [**ディ**フィカルト] も可。

- ☐ I know how you **feel**.
  アイ ノゥ **ハ**ゥ ユー **フィ**ール

  ＝ I know [understand] . / I can imagine [empathize].

- ☐ That's too **bad**.
  ザッツ **トゥ**ー **バ**ッド

  ＝ That's a shame [シェイム] . / That's unfortunate [アン**フォ**ーチュネット].

- ☐ I'm **sorry** to hear that.
  アイム **サ**ーリィ トゥ ヒア ザット

  ＝ I'm sorry about that.

- ☐ **Poor** thing.
  プア スィング

  【形】poor 哀れな、かわいそうな、気の毒な

- ☐ Please accept my deepest **sympathy**.
  プリーズ アク**セ**プト マイ **ディ**ーペスト **シ**ンパスィ

  sympathy「悔み、追悼」は condolences [カン**ド**ウレンスィズ] も可。

033 慰める 元気を出してもらいたいときのひと言

□ たいしたことじゃないよ。

　I don't think it's that (　　　).

□ ましなほうだよ。

　I've seen (　　　).

□ そういうこともあるさ。

　These things (　　　).

□ 仕方ないよ。

　That's (　　　).

□ 明日があるさ。

　There's (　　　) tomorrow.

□ プラス思考で行こうよ。

　Think (　　　).

4 相手に寄り添うひと言が持つ"パワー"を侮ってはいけない

- ☐ I don't think it's that **serious**.
  アイ ドント スィンク イッツ **ザ**ット シリァス

  that にストレスを置いて、「そんなに」深刻ではないと強調する。

- ☐ I've seen **worse**.
  アイヴ シーン **ワ**ース

  直訳は「もっとひどいのを見たことがある」。

- ☐ These things **happen**.
  ズィーズ スィングズ **ハ**プン

  = It happens (sometimes).

- ☐ That's **life**.
  ザッツ **ラ**イフ

  = Such is life. 「人生はそういうものだよ」と慰める表現。

- ☐ There's **always** tomorrow.
  ゼァズ **オ**ールウェイズ トゥ**モ**ロゥ

  = Tomorrow is another day.

- ☐ Think **positive**.
  スィンク **パ**ジティヴ

  = Look on the bright side.

034 「大丈夫だよ」と言いたいときのひと言

慰める

□ 元気を出して！

( ) up!

□ 落ち込まないで。

Don't ( ) depressed.

□ 自分を責めないで。

Don't ( ) yourself.

□ 気楽にいこうよ！

Take it ( )!

□ 忘れなよ。

( ) over it.

□ 何とかなるよ。

It will ( ) out.

□ 時が解決してくれるよ。

Time ( ) all wounds.

☐ **Cheer** up!
チア　**ア**ップ

＝ (Keep your) chin up! / Come on!　【名】chin (人の) 下あご

☐ Don't **get** depressed.
ドント　ゲット　ディプ**レ**スト

＝ Don't be discouraged [ディス**カ**リッジド] ./Don't lose heart.

☐ Don't **blame** yourself.
ドント　ブレイム　ユア**セ**ルフ

君のせいじゃないよ。 It's not your fault [フォールト].

☐ Take it **easy**!
テイク　イット　**イ**ーズィ

＝ Go easy! / Just relax [リ**ラ**ックス]!

☐ **Get** over it.
ゲット　**オ**ゥヴァ　イット

＝ Forget it. / (You should) let it go.

☐ It will **work** out.
イット　ウィル　**ワ**ーク　**ア**ウト

【句】work out (トラブルなどが) 何とか解決する、うまくいく

☐ Time **heals** all wounds.
タイム　ヒールズ　オール　ウーンズ

【動】heal　治す、癒す　【名】wound　傷、痛手

035 ホメ上手は、相手の心を一瞬でつかむ 1

□ それはすごい！

That's (   )!

□ すばらしい！

(   )!

□ たいしたもんだ。

That's really (   ).

□ さすがですね。

I'm (   ).

□ 最高です。

Couldn't be (   ).

□ よくやった！

Good (   )!

- ☐ That's **great**!
  ザッツ　グレイト

  = Excellent! / Brilliant [ブリりァント]！　気軽に使えるほめ言葉。

- ☐ **Amazing**!
  アメイズィング

  = Wonderful! / Fantastic! / Incredible!　感動を込めたほめ言葉。

- ☐ That's really **something**.
  ザッツ　リァリィ　サムスィング

  That's は You're も可。【名】something たいした [すごい] こと [人]

- ☐ I'm **impressed**.
  アイム　インプレスト

  あなたならやると思ってた。 I knew you could do it.

- ☐ Couldn't be **better**.
  クドゥント　ビィ　ベタァ

  「これ以上良くなりようがない」から「最高だ」の意味になる。

- ☐ Good **job**!
  グッド　ジャッブ

  = Good going! / Well [Nicely] done! / Way to go!

036 ホメ上手は、相手の心を一瞬でつかむ 2

□ がんばったね。

You ( ) through.

□ すごくうまくなったね。

You're making a lot of ( ).

□ 努力の甲斐があったね。

It was worth the ( ).

□ 君の手柄だ。

You ( ) all the credit.

□ あなたを尊敬します。

I ( ) you.

□ 君は頭がいい。

You're so ( ).

☐ You **came** through.
ユー ケイム スルー

= You did [made] it. / I'm proud [プラウド] of you.

☐ You're making a lot of **progress**.
ユア メイキング ア ラット アヴ プラグレス

= You've improved [インプルーヴド] a lot.

☐ It was worth the **effort**.
イット ワズ ワース ズィ エファト

= Your effort finally paid off.

☐ You **deserve** all the credit.
ユー ディザーヴ オール ザ クレディット

【動】deserve ～を受けるに値する 【名】credit 手柄、功績

☐ I **respect** you.
アイ リスペクト ユー

= I admire [アドゥマイア] you. / I look up to you.

☐ You're so **smart**.
ユア ソウ スマート

君って天才！ You are a genius [ジーニャス]!

037 ホメ上手は、相手の心を一瞬でつかむ ③

□ 君はまじめだね。

You are (　　).

□ とても気が利く方ですね。

You're very (　　).

□ ユニークだな！

What a (　　)!

□ お若く見えますね。

You look so much (　　).

□ その服、とても似合っているよ。

That dress looks really (　　) (　　) you.

□ 君は特別だ。

You're something (　　).

☐ You are **faithful**.
ユー アー **フェイスフル**

【形】faithful 信頼できる、誠実な

☐ You're very **sensible**.
ユァ ヴェリ **センシブル**

あなたは思いやりがある。You're so sympathetic [シンパ**セ**ティック].

☐ What a **character**!
ホワット ア **キャ**ラクタァ

【名】character 個性の強い人、(良い意味で)変わり者

☐ You look so much **younger**.
ユー ルック ソウ マッチ **ヤ**ンガァ

モテますね。You're really popular [**パ**ピュラァ].

☐ That dress looks really **good on** you.
ザット ドゥ**レ**ス ルックス リァリィ **グッド オン** ユー

とても素敵だ。You look great.　君にぴったり！It's (very) you!

☐ You're something **else**.
ユァ **サ**ムスィング エルス

【句】something else とてもすばらしい人[物]、大切な人[物]

038 ホメ上手は、相手の心を一瞬でつかむ 4

□ 料理上手だね。

You're an ( ) cook.

□ うらやましいな。

I'm so ( ).

□ 勉強になりました。

I ( ) a lot.

□ (お世辞が) お上手ですね。

You ( ) me.

□ (お世辞でも) 嬉しいな。

That made my ( ).

□ まぐれですよ。

It was pure ( ).

□ まだまだこれからです。

I'm ( ) quite there ( ).

- ☐ You're an **excellent** cook.
  ユァ アン **エ**クセラント クック

  聞き上手だね。 You're an excellent listener [**リス**ナァ].

- ☐ I'm so **jealous**.
  アイム ソウ **ジェ**ラス

  ＝ I envy you.　　君はついてるよ！ Lucky you! / You're so lucky!

- ☐ I **learned** a lot.
  アイ **ラー**ンド ァ **ラ**ット

  とても参考になりました。 That was really helpful.

- ☐ You **flatter** me.
  ユー フ**ラ**ッタァ ミィ

  ＝ That's very flattering. 【動】flatter お世辞を言う、おだてる

- ☐ That made my **day**.
  ザット メイド マイ **デ**イ

  ＝ I'm flattered.

- ☐ It was pure **luck**.
  イット ワズ **ピュ**ア **ラ**ック

  ＝ I was just lucky. 【句】pure luck 単なる幸運、まぐれ

- ☐ I'm **not** quite there **yet**.
  アイム **ナ**ット クワイト ゼア **ィエ**ット

  ＝ I still have a long way to go.

5

気持ちと状態を言葉にできると、モヤモヤが消える

《喜ぶ》「うれしい」ときは、素直に言葉にしてみよう ……………… 97
《祝福する》 できる大人は、相手を心から「祝福」できる …………… 99
《感動する》 "ジーン"ときたときに使えるひと言 ……………………… 101
《好む・愛する》 好印象を持っているときの上手な伝え方 …………… 103
《好む・愛する》 自分が好きなもの、説明できますか ………………… 105
《嫌う》 いい印象を持っていないことを素直に伝えるには？ ……… 107
《嫌う》 言いにくいことを正直に伝えるには？ ………………………… 109
《興奮・安心》 ワクワクした＆ホッとしたときの簡単な表現 ……… 111
《困る》「弱ったなあ」と感じたときのひと言 …………………………… 113
《困る》「参ったなあ」と感じたときのひと言 …………………………… 115
《緊張・恐怖》「嫌だなあ」と感じたときのフレーズ …………………… 117
《不安・あきらめ》 マイナス気分は、こんな言葉にできる[1] ………… 119
《不安・あきらめ》 マイナス気分は、こんな言葉にできる[2] ………… 121
《怒り・イライラ》 ムカッとしたときのとっさのひと言とは？ …… 123
《怒り・イライラ》 怒りの理由を、英語で説明できますか ………… 125
《体調不安》「体調が悪い」とき、どうやって説明する？ …………… 127

039 「うれしい」ときは、素直に言葉にしてみよう

喜ぶ

□ 最高の気分です！

I couldn't be (　　　)!

□ 夢みたいだ。

It's like a dream (　　　) true.

□ やった！

I (　　　) it!

□ なんてラッキーなんだ！

I'm in (　　　)!

□ いい気分！

I (　　　) great!

□ とっても楽しい！

I'm really (　　　) this!

□ これ以上ぜいたく言える？

Who can (　　　) for more?

- ☐ I couldn't be **happier**!
  アイ **ク**ドゥント ビィ **ハ**ッピァ

  ＝ I've never been happier! / Never better!

- ☐ It's like a dream **come** true.
  イッツ ライク ァ ドゥリーム カム トゥルー

  うそみたい。 It's too good to be true.

- ☐ I **did** it!
  アイ **ディ**ッド イット

  ＝ I made it! / Give me five!

- ☐ I'm in **luck**!
  アイム イン **ラ**ック

  ＝ Luck is with me!　　今日はついてる！ It's my lucky day!

- ☐ I **feel** great!
  アイ フィール グレイト

  great は wonderful / fantastic / terrific［テ**リ**フィック］も可。

- ☐ I'm really **enjoying** this!
  アイム **リ**ァリィ イン**ジョ**イング ディス

  ＝ I'm having a good time!　　おもしろいね！ This is fun! / What fun!

- ☐ Who can **ask** for more?
  フー キャン **ア**スク フォ **モ**ァ

  【句】ask for 〜　〜を求める、要求する

040 祝福する できる大人は、相手を心から「祝福」できる

□ 結婚おめでとう。

( ) on your marriage.

□ よかったね！

Good for ( )!

□ お誕生日おめでとう！

Happy ( )!

□ 特別な日を楽しんでね！

( ) your special day!

□ よいお年を。

All the ( ) for the new year.

□ それはめでたい！

That's great ( )!

- □ **Congratulations** on your marriage.
  コングラチュ**レイ**シャンズ　オン　ユア　**マ**リッジ

  昇進おめでとう。 Congratulations on your promotion.

- □ Good for **you**!
  グッド　フォ　ユー

  ＝ I'm (really) happy for you.

- □ Happy **birthday**!
  ハピィ　バースデイ

  誕生日当日を過ぎてしまった場合は Happy belated birthday! と言う。

- □ **Enjoy** your special day!
  イン**ジョ**イ　ユア　ス**ペ**シャル　デイ

  すてきなお誕生日を！　Have a wonderful [great] birthday!

- □ All the **best** for the new year.
  オール　ザ　ベスト　フォ　ザ　**ニュー**　**イ**ァー

  ＝ Have a great new year!　明けましておめでとう！ Happy New Year!

- □ That's great **news**!
  ザッツ　グ**レ**イト　ニューズ

  乾杯しよう！ Let's make a toast [トウスト]!　　乾杯！ Cheers!

100

041 "ジーン"ときたときに使えるひと言

感動する

□ 感動しました。

I was ( ).

□ 胸を打たれた。

It ( ) me.

□ なんという日でしょう！

( ) a day!

□ 驚いた！

What a ( )!

□ 一生忘れない。

I'll never ( ) it.

□ とても感動的だったよ。

That was very ( ).

- ☐ I was **moved**.
  アイ　ワズ　**ムーヴド**

  感動して涙が出ました。 I was moved to tears ［ティアズ］.

- ☐ It **touched** me.
  イット　**タッチト**　ミー

  ＝ It touched my heart. / I was so touched.

- ☐ **What** a day!
  ホ**ワ**ット　ア　**デイ**

  いい意味にも悪い意味にも使う。

- ☐ What a **surprise**!
  ホ**ワ**ット　ア　サプ**ライ**ズ

  ＝ What a wonder! / How surprising! / That's amazing!

- ☐ I'll never **forget** it.
  アイル　**ネ**ヴァ　ファ**ゲ**ット　イット

  ＝ It will stay in my heart.

- ☐ That was very **impressive**.
  ザット　ワズ　ヴェリ　インプ**レ**シヴ

  【形】impressive 強い印象を与える、感銘を与える

042 好印象を持っているときの上手な伝え方

好む・愛する

□ 田中さんは感じがいい人ですよ。

　Mr. Tanaka is a (　　　) person.

□ 彼女、とてもすてきだね。

　She's very (　　　).

□ 彼、私好みだわ。

　He's my (　　　).

□ 彼女に首ったけなんだ。

　I have a (　　　) on her.

□ 彼は立派な人だ。

　He has (　　　).

□ 彼はハンサムだ。

　He is (　　　)-(　　　).

□ 彼はやり手だ。

　He's a (　　　)-(　　　).

☐ Mr. Tanaka is a **nice** person.
ミスタァ たなか イズ ァ **ナイス** パースン

nice は friendly [フレンドゥリ] も可。

☐ She's very **attractive**.
シーズ ヴェリ アトゥ**ラ**クティヴ

【形】attractive 魅力的な、人を引きつける

☐ He's my **type**.
ヒーズ マイ **タイプ**

彼女はまさに僕好みだ。 She's really my type.

☐ I have a **crush** on her.
アイ ハヴ ァ **クラ**ッシュ オン ハー

【句】have a crush on 〜 〜に熱を上げる、首ったけである

☐ He has **character**.
ヒー ハズ **キャ**ラクタァ

【句】have character 品位がある、人格者である

☐ He is **good-looking**.
ヒー イズ **グッド** **ル**ッキング

【形】good-looking 顔立ちの良い、美しい ※女性にも使う。

☐ He's a **go-getter**.
ヒーズ ァ **ゴゥ** **ゲ**ッタァ

【名】go-getter やる気のある人、やり手 「敏腕家、野心家」は highflyer。

043 自分が好きなもの、説明できますか

好む・愛する

□ そのバンドの大ファンなんだ。

　I'm a (　　) fan of the band.

□ これより、あっちのほうが好き。

　I (　　) that one (　　) this one.

□ これに限るね。

　Nothing (　　) this.

□ タイ料理に目がなくて。

　I'm (　　) about Thai food.

□ 甘いものに弱いんだ。

　I have a (　　) for sweets.

□ 納豆が好きになったよ。

　I (　　) to like natto.

□ 私たち、気が合いますね。

　We have good (　　).

☐ I'm a **big** fan of the band.
アイム ァ ビッグ ファン アヴ ザ バンド

big は huge［ヒュージュ］/ great も可。

☐ I **prefer** that one **to** this one.
アイ プリファー ザット ワン トゥ ディス ワン

どっちが好き？ Which do you prefer? / Which one do you like better?

☐ Nothing **beats** this.
ナッスィング ビーツ ディス

【動】beat ～を打ち負かす、～に勝つ

☐ I'm **crazy** about Thai food.
アイム クレイジィ アバウト タイ フード

【句】be crazy about ～ ～に夢中になっている、～が大好きだ

☐ I have a **weakness** for sweets.
アイ ハヴ ァ ウィークネス フォ スウィート

【句】have a weakness for ～ ～に目がない、～が大好物だ

☐ I **came** to like natto.
アイ ケイム トゥ ライク なっとう

【句】come to like ～ (好きではなかったものが) 好きになる

☐ We have good **chemistry**.
ウィ ハヴ グッド ケミストゥリ

【名】chemistry (人と人との間の) 相性、つながり、共通点

044 嫌う いい印象を持っていないことを素直に伝えるには？

□ 好きではありません。

I don't ( ) it.

□ 大嫌い！

I ( ) it!

□ 興味ないよ。

I'm not ( ) in it.

□ どこがいいのかわからない。

I can't see the ( ).

□ 趣味が悪いな。

You have bad ( ).

□ つまらなかった。

It was ( ).

- ☐ I don't **like** it.
    アイ ド**ン**ト ライク イット

    ＝ I don't care for it.　嫌いです。 I dislike [ディス**ラ**イク] it.

- ☐ I **hate** it!
    アイ **ヘ**イト イット

    【動】hate 〜をひどく嫌う、憎む

- ☐ I'm not **interested** in it.
    アイム **ナ**ット **イ**ンテレスティッド イン イット

    ＝ I'm not into it.　ペットには興味がない。 I'm not a pet person.

- ☐ I can't see the **appeal**.
    アイ **キャ**ーント シー ズィ ア**ピ**ール

    ＝ It has little appeal to me.　【名】appeal　魅力、訴求力

- ☐ You have bad **taste**.
    ユー ハヴ **バ**ッド テイスト

    彼女はファッションセンスがない。 She has bad taste in fashion.

- ☐ It was **silly**.
    イット ワズ **シ**リィ

    退屈だった。 It was boring [dull].　　くだらなかった。 It was stupid.

108

045 言いにくいことを正直に伝えるには？

□ 細かいことにこだわるなよ。

You're too (   ).

□ 彼は自信過剰だ。

He's (   ).

□ 彼女はけちだ。

She is (   ).

□ 彼女、ちょっと変わっているね。

She's a bit (   ).

□ 彼は仕事中毒だ。

He's (   ).

□ 彼とはウマが合わない。

I don't (   ) (   ) well with him.

□ You're too **picky**.
　ユァ　トゥー　ピキィ

【形】picky　神経質な、えり好みする、小うるさい

□ He's **overconfident**.
　ヒーズ　オウヴァ**カン**フィデント

彼は臆病だ。 He's a coward [**カ**ウァド].

□ She is **tight**.
　シー　ィズ　**タ**イト

tight は cheap / stingy も可。「気前がいい」は generous。

□ She's a bit **strange**.
　シーズ　ァ　ビット　ストゥ**レ**インジ

strange は odd [アッド] / different [**ディ**ファラント] も可。

□ He's **workaholic**.
　ヒーズ　ワーカ**ホ**リック

-aholic は「〜中毒(の人)」。netaholic「インターネット中毒(の人)」

□ I don't **get along** well with him.
　アイ　**ド**ント　ゲット　ア**ロ**ング　ウェル　ウィズ　ヒム

【句】get along with 〜　〜と仲良く付き合う、うまくやっていく

110

046 興奮・安心

ワクワクした & ホッとした ときの簡単な表現

□ ワクワクするね！

How ( )!

□ 待ち遠しいな！

I can't ( )!

□ ありがたい！

Thank ( )!

□ やれやれ！

( )!

□ 危なかった。

That was ( ).

□ ああ、ほっとした！

What a ( )!

□ それを聞いて安心しました。

I'm ( ) to hear that.

- ☐ How **exciting**!
  ハウ イク**サイ**ティング

  ＝ I'm so [really] excited!

- ☐ I can't **wait**!
  アイ **キャ**ーント ウェイト

  本当に楽しみ。 I'm really looking forward to it.

- ☐ Thank **heavens**!
  サンク **ヘ**ヴンズ

  ＝ Thank goodness! 「ああ、よかった」「安心した」という表現。

- ☐ **Whew**!
  ヒュー

  ＝ Phew! 仕事を終えたときや、危機を免れたときなどに使う。

- ☐ That was **close**.
  ザット ワズ ク**ロ**ゥス

  危機一髪だった！ That was a close call! / That was a near thing!

- ☐ What a **relief**!
  ホワット ア リ**リ**ーフ

  【名】relief (苦痛・心配などが去ったあとの) 安堵 (感)、安心

- ☐ I'm **relieved** to hear that.
  アイム リ**リ**ーヴド トゥ ヒァ ザット

  ひとまず安心しました。 I'm relieved for now.

047 「弱ったなあ」と感じたときのひと言

困る

□ 参ったなあ。

I'm at a (　　　).

□ お手上げです。

I'm (　　　).

□ 困りました。

I'm in (　　　).

□ 何が何だかさっぱりわからない。

I don't (　　　) what's what.

□ しくじりました。

I (　　　) up.

□ 何てこった！

Good (　　　)!

- ☐ I'm at a **loss**.
  アイム　アット　ア　**ロース**

  ＝ I'm helpless.　【句】be at a loss　困る、途方に暮れる

- ☐ I'm **stuck**.
  アイム　**ス**タック

  ＝ I give up.　【形】stuck　行き詰まった、手も足も出ない

- ☐ I'm in **trouble**.
  アイム　イン　トゥ**ラ**ブル

  まずい。　I'm in deep trouble. / I'm in a big mess.

- ☐ I don't **know** what's what.
  アイ　**ド**ント　ノウ　ホワッツ　ホワット

  意味わかんないよ。That makes no sense. / That doesn't make sense.

- ☐ I **screwed** up.
  アイ　スク**リュ**ード　**ア**ップ

  【句】screw up (ことを) 台無しにする、大失敗する

- ☐ Good **grief**!
  グッド　グ**リ**ーフ

  ＝ Great grief!　【名】grief　厄介、面倒

048 「参ったなあ」と感じたときのひと言

困る

□ どうしたものか。

What a ( )!

□ もう手遅れだ。

It's too ( ).

□ 万事休す。

The ( )'s up.

□ 最悪だ。

Things couldn't be ( ).

□ どうしようもない。

I can't ( ) it.

□ お先真っ暗です。

My ( ) stinks.

□ What a **dilemma**!
ホワット ァ ディ**レ**マ

「あちらを立てればこちらが立たず」という表現。

□ It's too **late**.
イッツ **トゥー** レイト

あとの祭りだ。 You can't change the past.

□ The **game**'s up.
ザ ゲイムズ **ア**ップ

直訳は「試合は終わった」。

□ Things couldn't be **worse**.
スィングズ **ク**ドゥント ビィ ワース

＝ This is awful. / What a disaster! / It's a no-win situation.

□ I can't **help** it.
アイ **キャ**ーント **ヘ**ルプ イット

どうにもならない。 Nothing is possible [**パ**ッシブル].

□ My **future** stinks.
マイ フューチャー スティンクス

【名】future 未来、将来 【動】stink ひどいものだ、お粗末である

049 「嫌だなあ」と感じたときのフレーズ

緊張・恐怖

□ 怖い。

I'm (   ).

□ 気味が悪いな。

That's (   ).

□ 気持ち悪い！

That's (   )!

□ 鳥肌が立ったよ。

I've got goose (   ).

□ 胸騒ぎがする。

I feel (   ).

□ おどかさないでよ。

You gave me a (   ).

□ あせるよ。

I feel (   ).

- ☐ I'm **scared**.
  アイム スケァド

  scared は terrified / horrified / frightened［フライトゥンド］も可。

- ☐ That's **creepy**.
  ザッツ クリーピィ

  creepy は spooky［スプーキィ］/ weird［ウイアード］も可。

- ☐ That's **gross**!
  ザッツ グロウス

  考えるだけで気持ち悪い。 Just the thought is gross.

- ☐ I've got goose **bumps**.
  アイヴ ガット グース バンプス

  bumps は pimples［ピンプルズ］/ skin / flesh も可。

- ☐ I feel **uneasy**.
  アイ フィール アニーズィ

  心配になってきた。 I'm getting worried.

- ☐ You gave me a **fright**.
  ユー ゲイヴ ミー ァ フライト

  【名】fright おびえさせる物［こと］、ギョッとする物［こと］

- ☐ I feel **flustered**.
  アイ フィール フラスタァド

  逃げ出したい気分だ。 I feel like running away.

050 マイナス気分は、こんな言葉にできる 1

不安・あきらめ

□ ああ、どうすればいいんだ？

Oh, what am I ( ) to do?

□ 緊張しています。

I'm ( ).

□ 胸がドキドキする。

My heart is ( ) so fast.

□ 恥ずかしい。

I'm ( ).

□ がっかりしました。

I'm ( ).

□ もうあきらめた。

I've completely ( ) ( ) on it.

□ もうどうでもいい。

It doesn't matter any ( ).

- ☐ Oh, what am I **supposed** to do?
  オウ ホ**ワ**ット アム アイ サ**ポ**ウズド トゥ ドゥー

  = I don't know what to do. / What should I do?

- ☐ I'm **nervous**.
  アイム **ナ**ーヴァス

  緊張してきた。I'm getting nervous.

- ☐ My heart is **beating** so fast.
  マイ ハート イズ ビーティング ソウ **ファ**ースト

  = I can feel my heart beat. / I'm excited.

- ☐ I'm **embarrassed**.
  アイム エン**バ**ラスト

  【形】embarrassed 恥ずかしい、きまり悪い、当惑して

- ☐ I'm **disappointed**.
  アイム ディサ**ポ**インティッド

  落ち込んでるんだ。I feel depressed. / I'm feeling down.

- ☐ I've completely **given up** on it.
  アイヴ カンプ**リ**ートゥリ **ギ**ヴン **ア**ップ オン イット

  仕方がない。(It) can't be helped. / That's the way it goes.

- ☐ It doesn't matter any **more**.
  イット **ダ**ズント **マ**タァ エニ **モ**ァ

  = I don't care any more.

120

051 マイナス気分は、こんな言葉にできる 2

不安・あきらめ

□ 何もかもうまくいかない。

　　(　　　) goes right.

□ もうすんだことだ。

　　It's all (　　　).

□ 後悔している。

　　I (　　　) it.

□ やり直せたらいいのに。

　　I wish I (　　　) do it over again.

□ 立ち直れない。

　　I can't get (　　　) it.

□ 寂しい。

　　I'm (　　　).

□ むなしい。

　　I feel (　　　).

- ☐ **Nothing** goes right.
  ナッスィング　ゴゥズ　ライト

  ついてないよ。 Unlucky me.

- ☐ It's all **over**.
  イッツ　オール　**オゥヴァ**

  ＝ It's history. / It's in the past.

- ☐ I **regret** it.
  アイ　リグレット　イット

  大きな間違いだったんだ。 It was a big mistake.

- ☐ I wish I **could** do it over again.
  アイ　ウイッシュ　アイ　クッド　**ドゥー**　イット　**オゥヴァ**　アゲイン

  仮定法 could で、現実にはやり直せないことが強調される。

- ☐ I can't get **over** it.
  アイ　**キャーント**　ゲット　**オゥヴァ**　イット

  【句】get over 〜　〜から立ち直る、〜を忘れる、〜を乗り越える

- ☐ I'm **lonely**.
  アイム　**ロウンリィ**

  ＝ I feel alone.　悲しい。 I'm so [very] sad.

- ☐ I feel **empty**.
  アイ　フィール　**エムティ**

  【形】empty （心の中が）空っぽの、むなしい

052 ムカッとしたときのとっさのひと言とは？

怒り・イライラ

□ 腹立たしい。

I'm (   ).

□ イライラしてきた。

I'm getting (   ).

□ もう我慢できない！

I can't (   ) it any more!

□ うんざりだ。

I'm (   ) up.

□ 許せないよ！

That's (   )!

□ 急かさないで。

Don't (   ) me.

- ☐ I'm **upset**.
　アイム　アップ**セット**

　= I'm angry. / That's not acceptable. / That's disgusting.

- ☐ I'm getting **annoyed**.
　アイム　ゲッティング　ア**ノイ**ド

　= It's getting on my nerves [ナーヴズ].

- ☐ I can't **take** it any more!
　アイ　**キャー**ント　**テイ**ク　イット　エニ　**モァ**

　我慢の限界だ！ I've had it! / That's the last straw [ストゥロー]!

- ☐ I'm **fed** up.
　アイム　**フェッ**ド　**ア**ップ

　= I'm sick of it.　【句】be fed up　飽き飽きしている

- ☐ That's **outrageous**!
　ザッツ　アウトゥ**レイ**ジャス

　【形】outrageous　極悪な、非道な、とんでもない

- ☐ Don't **rush** me.
　ドント　**ラッ**シュ　ミー

　【動】rush　(人を)急がせる、急き立てる

053 怒りの理由を、英語で説明できますか

怒り・イライラ

□ 気が散るよ。

　Don't (　　) me.

□ あっちへ行って。

　Just (　　) away.

□ めんどくさいなあ！

　What a (　　)!

□ 私の身にもなってよ。

　Put yourself in my (　　).

□ 疲れた。

　I'm (　　).

□ へとへとだ！

　I'm (　　)!

5 気持ちと状態を言葉にできると、モヤモヤが消える

☐ Don't **distract** me.
ドント ディストゥ**ラ**クト ミー

「話しかけないで」「集中させて」という表現。

☐ Just **go** away.
ジャスト ゴゥ アウ**エ**ィ

「構わないで」「放っておいて」という表現。

☐ What a **bother**!
ホワット ア **バ**ザァ

bother は hassle [ハスル] / pain も可。【名】bother　面倒、厄介

☐ Put yourself in my **shoes**.
プット ユア**セ**ルフ イン マイ **シュ**ーズ

shoes は place / position [パ**ジ**シャン] も可。

☐ I'm **tired**.
アイム **タ**イアド

疲れがとれない。 I just feel tired all the time.

☐ I'm **exhausted**!
アイム イグ**ゾ**ースティッド

= I'm beaten [**ビ**ートゥン] . / I'm wasted. / I'm dead tired.

054 体調不安
「体調が悪い」とき、どうやって説明する？

□ 体の調子がよくない。

I'm not (　　　) well.

□ だるい。

I feel (　　　).

□ どうも風邪をひいたようだ。

I think I have a (　　　).

□ 頭がズキズキします。

My head (　　　).

□ 吐き気がします。

I feel (　　　).

□ 熱があります。

I have a (　　　).

□ I'm not **feeling** well.
アイム　**ナ**ット　フィーリング　**ウェ**ル

＝ I'm out of shape [シェイプ]. / I'm in bad shape.

□ I feel **sluggish**.
アイ　フィール　ス**ラ**ギッシュ

sluggish は weak / heavy も可。

□ I think I have a **cold**.
アイ　スｨ ンク　アイ　ハヴ　ァ　**コ**ウルド

寒気がする。 I feel chilly [cold].

□ My head **hurts**.
マイ　ヘッド　**ハ**ーツ

＝ I have a bad headache [**ヘ**デイク].

□ I feel **nauseous**.
アイ　フィール　**ノ**ーシャス

＝ I feel sick. / I feel funny.

□ I have a **fever**.
アイ　ハヴ　ァ　**フィ**ーヴァ

熱っぽい。 I feel feverish [**フィ**ーヴァリシュ].

6

どんな「困った」も英語を使って切り抜ける

《断る》　毅然として使いたいお断りフレーズ　………………… 131
《断る》　なるほど、そういう断り方があったんだ！　…………… 133
《否定》　「ちがう」と思ったときの決め手のひと言1　………… 135
《否定》　「ちがう」と思ったときの決め手のひと言2　………… 137
《否定》　「ちがう」と思ったときの決め手のひと言3　………… 139
《ケンカ》　モメているときに、効果抜群の言葉　……………… 141
《ケンカ》　"覚悟"をもって使うようにしたい言葉　…………… 143
《ケンカ》　ケンカの言葉、仲直りしたいときの言葉　………… 145
《謝る》　どうやってお詫びしたら、許してくれる？　………… 147
《謝る》　相手が謝ってきたときに返したいひと言　…………… 149
《忠告・叱る》　言いたいことがあるときの言葉の作法1　……… 151
《忠告・叱る》　言いたいことがあるときの言葉の作法2　……… 153
《忠告・叱る》　言いたいことがあるときの言葉の作法3　……… 155
《忠告・叱る》　言いたいことがあるときの言葉の作法4　……… 157
《忠告・叱る》　言いたいことがあるときの言葉の作法5　……… 159

055 毅然として使いたい お断りフレーズ
断る

□ 残念ですが、お断りします。

　　I'd love to, (　　) I can't.

□ 遠慮しておきます。

　　I'd (　　) not.

□ 結構です。

　　It's not (　　).

□ 悪いけど、いま忙しいんだ。

　　Sorry, I'm (　　) up right now.

□ その日は用事がありまして。

　　Sorry, but I have some (　　) on that day.

□ 急用ができました。

　　Something urgent (　　) up.

- □ I'd love to, **but** I can't.
  アイド ラヴ トゥ バット アイ キャーント

  ＝ I wish I could. 「そうしたいのは山々なのですが」という表現。

- □ I'd **better** not.
  アイド ベタァ ナーット

  ＝ I'd rather not. / I'll pass. / Not for me.

- □ It's not **necessary**.
  イッツ ナット ネサセリィ

  ＝ Don't bother. 【形】necessary 必要な、なくてはならない

- □ Sorry, I'm **tied** up right now.
  サーリィ アイム タイド アップ ライト ナゥ

  tied up は busy も可。【句】be tied up （忙しくて）手がふさがっている

- □ Sorry, but I have some **plans** on that day.
  サーリィ バット アイ ハヴ サム プランズ オン ザット デイ

  明日はすることがあるんだ。 I have a thing to do tomorrow.

- □ Something urgent **came** up.
  サムスィング アージャント ケイム アップ

  単に Something came up. とも言う。

056 なるほど、そういう断り方があったんだ！

断る

□ 都合がつきません。

I'm not ( ).

□ またの機会に。

( ) some other time.

□ そのことでは力になれません。

I ( ) do ( ) about it.

□ ほかの人に当たってみていただけませんか？

Can you ( ) someone else?

□ それは無理です。

That's not ( ).

□ 絶対に無理。

Definitely ( ).

☐ I'm not **available**.
アイム **ナ**ット ア**ヴェ**イラブル

【形】available (人が)手が空いている、都合がつく

☐ **Maybe** some other time.
メイビー サム **ア**ザァ タイム

= Maybe next time.　今回は無理です。 Not this time.

☐ I **can't** do **anything** about it.
アイ **キャ**ーント ドゥ **エ**ニスィング アバウト イット

= There's nothing I can do about it.

☐ Can you **ask** someone else?
キャン ユー **ア**ースク サムワン エルス

ask は find / try も可。

☐ That's not **possible**.
ザッツ **ナ**ット **パ**ッシブル

= That's impossible. / I can't do that. / I'm afraid not.

☐ Definitely **not**.
デファニトゥリィ **ナ**ート

= Absolutely [Certainly] not. / Not a chance. / No way.

057 「ちがう」と思ったときの決め手のひと言 １

否定

□ 私はそうは思いません。

I don't think ( ).

□ 賛成できません。

I don't ( ).

□ 反対だ。

I'm ( ) it.

□ 異議あり！

I ( )!

□ それは違います。

I'm afraid you're ( ).

□ 改善の余地がある。

There's room for ( ).

- ☐ I don't **so**.
  アイ ドント スィンク ソウ

  = I doubt [ダウト] it. / I guess [ゲス] not.

- ☐ I don't **agree**.
  アイ ドント アグリー

  = I can't agree.　少しやわらかい言い方。

- ☐ I'm **against** it.
  アイム アゲィンスト イット

  【前】against ～に反対して、不賛成で

- ☐ I **object**!
  アイ アブジェクト

  = Objection! / I have an objection.

- ☐ I'm afraid you're **wrong**.
  アイム アフレイド ユア ローング

  = I think you're wrong. / That's not true.

- ☐ There's room for **improvement**.
  ゼアズ ルーム フォ インプルーヴメント

  = It can be improved. / It needs work.

058 否定 「ちがう」と思ったときの決め手のひと言 2

□ それは関係ありません。

That's (   ).

□ 覚えていません。

I can't (   ).

□ いい考えとは思えない。

That's not a good (   ).

□ それではうまくいかないよ。

That won't (   ).

□ やっても無駄でしょう。

It wouldn't (   ).

□ まず無理だろう。

Only in your (   ).

- ☐ That's **irrelevant**.
  ザッツ　イレラヴァント

  【形】irrelevant　見当違いの、無関係の、不適切な

- ☐ I can't **remember**.
  アイ　**キャ**ーント　リメンバァ

  ＝ I don't remember.　remember は recall も可。

- ☐ That's not a good **idea**.
  ザッツ　**ナ**ット　ア　グッド　アイ**ディ**ーア

  論外だ。　That's out of the question. / That's nonsense.

- ☐ That won't **do**.
  ザット　**ウォ**ウント　ドゥー

  do は work も可。そうは問屋が卸さない。　No such luck.

- ☐ It wouldn't **pay**.
  イット　**ウ**ドゥント　ペイ

  【動】pay　(苦労・行為などが) 利益になる、報われる、割に合う

- ☐ Only in your **dreams**.
  オウンリィ　イン　ユア　ドゥ**リ**ームズ

  「それは夢物語だ」という表現。

059 「ちがう」と思ったときの決め手のひと言 ③

□ 私ならしません。

I (wouldn't).

□ そんなことは言っていません。

That's not what I'm (talking) about.

□ それは誤解です。

That's a (misunderstanding).

□ それでは納得できない。

That doesn't (cut) it.

□ ばかげているよ。

That's (ridiculous).

□ とんでもない。

(Far) from it.

- ☐ I **wouldn't**.
  アイ **ウ**ドゥント

  = I wouldn't do it if I were you.　仮定法の表現。

- ☐ That's not what I'm **talking** about.
  ザッツ　**ナ**ット　ホワット　アイム　**ト**ーキング　アバウト

  そういうことではありません。 That's not what I mean.

- ☐ That's a **misunderstanding**.
  ザッツ　ァ　ミスアンダス**タ**ンディング

  誤解しないでください。 Don't misunderstand me. / Don't get me wrong.

- ☐ That doesn't **explain** it.
  ザット　**ダ**ズント　イクスプ**レ**イン　イット

  【動】explain　説明する、明らかにする

- ☐ That's **ridiculous**.
  ザッツ　リ**ディ**キュラス

  ridiculous は stupid / nonsense も可。「くだらない」という表現。

- ☐ **Far** from it.
  ファー　フラム　イット

  「全然違う」「むしろその逆だ」という表現。

060 モメているときに、効果抜群の言葉

□ 何が言いたいんですか？

What's your (　　　)?

□ 何が気に入らないの？

What's (　　　) you?

□ とぼけないで。

Don't (　　　) innocent.

□ 決めつけないでよ。

Don't make (　　　).

□ 一つ言わせてもらうよ。

I have a (　　　).

□ 私のせいにしないで。

Don't (　　　) me.

□ 君には関係ない。

None of your (　　　).

☐ What's your **point**?
ホワッツ ユア **ポイント**

はっきり言いなさいよ！ Speak up [out]!

☐ What's **eating** you?
ホワッツ **イーティング** ユー

何か文句があるの？ What's your problem?

☐ Don't **play** innocent.
ドント **プレイ** **イナ**セント

= Don't play dumb [ダム]. / Don't give me that. / Quit acting!

☐ Don't make **assumptions**.
ドント メイク ア**サンプ**シャンズ

【名】assumption （証拠なしに）思い込むこと、決めてかかること

☐ I have a **complaint**.
アイ ハヴ ア コンプ**レイ**ント

【名】complaint 不平、不満、苦情、愚痴

☐ Don't **blame** me.
ドント **ブレイム** ミー

あなたのせいでしょ？ Who's to blame? / Whose fault is it?

☐ None of your **business**.
ナン アヴ ユア **ビズィ**ネス

= Mind your own business. 「余計なお世話だ」という表現。

061 ケンカ "覚悟"をもって使うようにしたい言葉

□ よく言うよ！

(Look) who's talking!

□ ごめんじゃすまないよ。

Sorry isn't (enough).

□ お説教しないで。

Don't (lecture) me.

□ 言い訳しないでよ。

Don't make (excuses).

□ いい加減にしてくれ！

Give me a (break)!

□ もうたくさんだ。

That's (enough).

□ この話は終わりだ。

No (more) discussion.

□ **Look** who's talking!
　ルック　**フーズ**　**トー**キング

　それはこっちのせりふだ。 That's my line.

□ Sorry isn't **enough**.
　サーリィ　**イズ**ント　イ**ナ**フ

　= It's unforgivable [アンファ**ギ**ヴァブル].

□ Don't **lecture** me.
　ドント　**レ**クチャー　ミー

　あなたに言われたくない！ You shouldn't talk!

□ Don't make **excuses**.
　ドント　メイク　イクス**キュー**ズィズ

　言い訳はもうたくさん。 No more excuses.

□ Give me a **break**!
　ギヴ　ミー　ァ　ブ**レ**イク

　break は rest も可。

□ That's **enough**.
　ザッツ　イ**ナ**フ

　= Enough's enough. / I've had enough.

□ No **more** discussion.
　ノゥ　**モ**ァ　ディス**カ**ッシャン

　もう何も言うな。 No more words.

062 ケンカの言葉、仲直りしたいときの言葉

□ 何を言っても無駄だ。

Don't waste your (　　).

□ 放っておいてくれ。

Leave me (　　).

□ まだ怒ってる？

Are you still (　　) with me?

□ 返事くらいしてよ。

(　　) to me.

□ さっきはごめん。言い過ぎた。

Sorry about that. I've said (　　) (　　).

□ 仲直りしよう。

Let's (　　) up.

□ 水に流そうよ。

Let's (　　) and (　　).

- ☐ Don't waste your **breath**.
  ドント　ウェイスト　ユァ　ブレス

  ＝ Save your breath.

- ☐ Leave me **alone**.
  リーヴ　ミー　アロゥン

  ＝ Stop bothering [bugging / nagging] me.

- ☐ Are you still **upset** with me?
  アー　ユー　スティル　アプセット　ウィズ　ミー

  upset は angry も可。

- ☐ **Talk** to me.
  トーク　トゥ　ミー

  ＝ Answer me.　　無視しないでよ。　Don't ignore me.

- ☐ Sorry about that. I've said **too much**.
  サーリィ　アバウト　ザット　アイヴ　セッド　トゥー　マッチ

  あんなこと言ってしまって後悔してる。　I regret what I've said.

- ☐ Let's **make** up.
  レッツ　メイク　アップ

  ＝ I want to make up with you.

- ☐ Let's **forgive** and **forget**.
  レッツ　ファギヴ　アンド　ファゲット

  ＝ Let it go.　【動】forgive 許す　【動】fforget 忘れる

063 謝る どうやってお詫びしたら、許してくれる？

□ お許しください。

　Please (　　) me.

□ そんなつもりではなかったのですが。

　I didn't (　　) it.

□ 気を悪くしないでください。

　No (　　) meant.

□ 私のせいです。

　It's my (　　).

□ 申し訳なく思っています。

　I feel (　　) about it.

□ ご迷惑をおかけして申し訳ありません。

　I'm (　　) for all the trouble.

□ 遅くなってすみません。

　Sorry I'm (　　).

☐ Please **forgive** me.
プリーズ　ファ**ギ**ヴ　ミー

失礼をお許しください。 Forgive me for being rude [ルード].

☐ I didn't **mean** it.
アイ　**ディ**ドゥント　**ミ**ーン　イット

＝ I didn't mean to. 「悪気はなかったのですが」という表現。

☐ No **offense** meant.
ノゥ　ア**フェ**ンス　メント

単に No offense. とも言う。【名】offense　気を悪くさせるもの、侮辱

☐ It's my **fault**.
イッツ　マイ　**フォ**ールト

＝ All my fault. / My mistake. / I was (very) wrong.

☐ I feel **bad** about it.
アイ　フィール　**バ**ッド　アバウト　イット

bad の代わりに terrible / awful と言うと、意味が強まる。

☐ I'm **sorry** for all the trouble.
アイム　**サ**ーリィ　フォ　**オ**ール　ザ　トゥラブル

＝ I apologize for the trouble. / I'm sorry for the inconvenience.

☐ Sorry I'm **late**.
サーリィ　アイム　**レ**イト

お待たせして申し訳ありません。 I'm sorry to have kept you waiting.

064 相手が謝ってきたときに返したいひと言

□ 気にしないで。

Don't ( ) about it.

□ もういいですよ。

Apologies ( ).

□ たいしたことじゃありませんよ。

It's no big ( ).

□ 謝る必要はありません。

No ( ) to apologize.

□ あなたのせいではありません。

It wasn't your ( ).

□ 謝るのはこちらのほうです。

I ( ) be the one to apologize.

- [ ] Don't **worry** about it.
   ドント ワーリィ アバウト イット

   = Never mind. / Forget it.

- [ ] Apologies **accepted**.
   アパラジイズ アクセプティッド

   = I accept your apology. / I forgive you. / It's okay.

- [ ] It's no big **deal**.
   イッツ ノウ ビッグ ディール

   【句】big deal 大事なこと、一大事、重大事

- [ ] No **need** to apologize.
   ノウ ニード トゥ アパラジャイズ

   【句】No need to ～. ～する必要はない。[～するには及ばない。]

- [ ] It wasn't your **fault**.
   イット ワズント ユア フォールト

   = You didn't do anything wrong.

- [ ] I **should** be the one to apologize.
   アイ シュッド ビィ ザ ワン トゥ アパラジャイズ

   = I should be the one to be blamed.

065 言いたいことがあるときの
言葉の作法 1

忠告・叱る

□ やめておいたほうがいいと思います。

　　You (　　) do that.

□ 一つ忠告しておきます。

　　I will give you a piece of (　　).

□ それは甘いよ。

　　That would be too (　　).

□ 現実を見なさい。

　　(　　) the fact.

□ 約束を守りなさい。

　　Keep your (　　).

□ よせばいいのに。

　　Bad (　　).

- ☐ You **shouldn't** do that.
  ユー **シュ**ドゥント ドゥ ザット

  ＝ You'd better not.　shouldn't より強い言い方。

- ☐ I will give you a piece of **advice**.
  アイ ウィル **ギ**ヴ ユー ァ ピース ァヴ アドゥ**ヴァ**イス

  私の忠告を聞いて。 Take my advice.

- ☐ That would be too **easy**.
  ザット ウッド ビィ **トゥ**ー **イー**ズィ

  ＝ It's not that easy. / Don't kid yourself.

- ☐ **Face** the fact.
  フェイス ザ **ファ**クト

  ＝ Face it. / Get [Be] real.

- ☐ Keep your **promise**.
  キープ ュァ プラミス

  promise は word も可。

- ☐ Bad **move**.
  バッド ムーヴ

  bad move はチェス・将棋などの「下手な手」という意味。

152

066 言いたいことがあるときの
忠告・叱る 言葉の作法 2

□ 早まってはいけない。

　Don't jump to (　　　).

□ よく考えて。

　(　　　) it over.

□ 自分の気持ちに正直になったほうがいい。

　I think you should (　　　) your heart.

□ 後悔することになるよ。

　You're going to (　　　) it later.

□ 今にわかるよ。

　Time will (　　　).

□ あせるな！

　(　　　) does it!

- ☐ Don't jump to **conclusions**.
  ドント　ジャンプ　トゥ　カンク**ルー**ジャンズ

  【名】conclusion　結論、決定　「結論を急ぐな」という表現。

- ☐ **Think** it over.
  ス**ィ**ンク　イット　**オ**ウヴァ

  = Think twice (before you do it). / Sleep on it.

- ☐ I think you should **follow** your heart.
  アイ　ス**ィ**ンク　ユー　シュッド　**ファ**ロウ　ユア　ハート

  【動】follow（忠告・良心などに）従う

- ☐ You're going to **regret** it later.
  ユア　**ゴ**ウイング　トゥ　リグ**レ**ット　イット　**レ**イタァ

  後悔するようなことはしないで。Don't do anything you'll regret.

- ☐ Time will **tell**.
  タイム　ウィル　テル

  = You'll see. / Wait and see.

- ☐ **Easy** does it!
  イーズィ　ダズ　イット

  物を扱うときなどに「注意深くやれ」「あせるな」という表現。

067 言いたいことがあるときの言葉の作法 3

忠告・叱る

□ 落ち着いて！

　Calm (　　　)!

□ ちゃんとやってよ。

　Do it (　　　).

□ 君らしくもない。

　That's (　　　) you.

□ それはやり過ぎだよ。

　That's (　　　) much.

□ ほどほどにね。

　Don't (　　　) it.

□ 懲りないね。

　You never (　　　).

- [ ] Calm **down**!
  カーム　ダウン

  ＝ Keep cool.　神経が高ぶっている人などをなだめる表現。

- [ ] Do it **right**.
  ドゥー　イット　ライト

  自分でやって。 Do it yourself.

- [ ] That's **unlike** you.
  ザッツ　アンライク　ユー

  ＝ How unlike you.　とても君らしいね。 It's very you.

- [ ] That's **too** much.
  ザッツ　トゥー　マッチ

  ＝ You've done enough. / You crossed the line.

- [ ] Don't **overdo** it.
  ドント　オウヴァドゥー　イット

  「やり過ぎはだめ」「無理をしてはいけない」という表現。

- [ ] You never **learn**.
  ユー　ネヴァ　ラーン

  【動】learn　学ぶ、わかる、知る

068 忠告・叱る 言いたいことがあるときの言葉の作法 ４

□ だから言ったでしょ。

I (　　) you.

□ いい勉強になったね。

That'll (　　) you.

□ バカなまねはよして。

Don't be (　　).

□ 子どもじゃあるまいし。

Act your (　　).

□ つむじを曲げないで。

Don't get (　　).

□ 楽観的すぎるよ。

You're too (　　).

☐ I **told** you.
　アイ　**トウルド**　ユー

　そら見てごらん。 There it is.　　言った通りだろ。 I was right.

☐ That'll **teach** you.
　ザットゥル　**ティーチ**　ユー

　「それで君も懲りるだろう」という表現。

☐ Don't be **stupid**.
　ドント　ビィ　ス**チュー**ピッド

　= Don't make a fool of yourself. / Don't play the fool.

☐ Act your **age**.
　アクト　ユァ　エイジ

　年甲斐もない。 You know better.

☐ Don't get **cross**.
　ドント　ゲット　クロース

　【形】cross ご機嫌斜めの、イライラした、不機嫌な

☐ You're too **optimistic**.
　ユァ　トゥー　アプティ**ミ**スティック

　【形】optimistic　楽観的な、楽観主義の (⇔ pessimistic)

069 言いたいことがあるときの言葉の作法 5

忠告・叱る

□ 失礼だよ。

　That's very (　　　).

□ 言葉を慎みなさい。

　Watch your (　　　).

□ 君には誠意がないよ。

　You lack (　　　).

□ そんなのずるい！

　That's not (　　　)!

□ もったいない！

　What a (　　　)!

□ 裏返しだよ。

　It's (　　　) out.

□ チャック、開いているよ。

　(　　　).

☐ That's very **rude**.
ザッツ　ヴェリ　**ルード**

態度悪いよ。　You have a bad attitude [**ア**ティテュード].

☐ Watch your **tongue**.
ワッチ　ユア　**タン**

= Hold your tongue.　tongue は language / mouth も可。

☐ You lack **sincerity**.
ユー　ラック　シン**セ**ラティ

【名】sincerity　率直さ、誠実、誠意　「誠実さに欠ける」という表現。

☐ That's not **fair**!
ザッツ　**ナ**ット　**フェ**ア

「それは公正を欠いている」「不公平だ」という表現。

☐ What a **waste**!
ホワット　ア　**ウェ**イスト

【名】waste　浪費、無駄(遣い)(⇔ thrift)

☐ It's **inside** out.
イッツ　インサイド　**ア**ウト

上下が逆さまだよ。　It's upside down.

☐ **XYZ**.
エクス　ワイ　ズィー

Examine your zipper.「ジッパーをチェックして」の短縮形。

7
誰でも最短で「ビジネス英語」の使い手になれる

《待ち合わせ》 英語で待ち合わせすることができますか ………… 163
《待ち合わせ》 これなら、どんな状況でも待ち合わせできる ……… 165
《電話》 そもそも英語で電話がかけられますか？ …………………… 167
《電話》 英語で電話がかかってきても、これならビビらない① …… 169
《電話》 英語で電話がかかってきても、これならビビらない② …… 171
《電話》 堂々と英語で電話が取れる人のフレーズ① ………………… 173
《電話》 堂々と英語で電話が取れる人のフレーズ② ………………… 175
《ＩＴ》 ここがポイント！ パソコンとインターネットの英語 …… 177
《ＩＴ》 ここで差がつく！ パソコンとインターネットの英語 …… 179
《会議》 「いい会議」は、こんなひと言からはじまる ……………… 181
《会議》 有意義な会議のために欠かせない言葉 …………………… 183
《会議》 このひと言で議題を変える！ 会議を終わらせる！ ………… 185

070 英語で待ち合わせすることができますか

待ち合わせ

□ ごあいさつに伺いたいのですが。

I'd like to do a (　　　) greeting.

□ 一度お目にかかりたいのですが。

I'd like to meet with you if you (　　　) (　　　).

□ お時間をいただけないでしょうか？

Could you (　　　) me some time?

□ 御社に伺ってもよろしいでしょうか？

I'm (　　　) if I could visit your office.

□ いつにしましょう？

When shall we (　　　) it?

□ どこで待ち合わせましょうか？

Where shall we get (　　　)?

- ☐ I'd like to do a **proper** greeting.
  アイド ライク トゥ ドゥー ア プラパァ グリーティング

  【形】proper きちんとした、正式の

- ☐ I'd like to meet with you if you **don't mind**.
  アイド ライク トゥ ミート ウィズ ユー イフ ユー ドント マインド

  【句】if you don't mind もしよろしければ、差し支えなければ

- ☐ Could you **give** me some time?
  クッド ユー ギヴ ミー サム タイム

  近いうちにお会いできませんか？ Could we meet sometime soon?

- ☐ I'm **wondering** if I could visit your office.
  アイム ワンダリング イフ アイ クッド ヴィズィット ユア オフィス

  I'm を I was にすると、より丁寧な言い方になる。

- ☐ When shall we **make** it?
  ホウェン シャル ウィ メイク イット

  何時がご都合がよろしいですか？ What time would be convenient?

- ☐ Where shall we get **together**?
  ホウエア シャル ウィ ゲット トゥゲザァ

  【句】get together 集まる、会う、待ち合わせる

071 これなら、どんな状況でも待ち合わせできる
待ち合わせ

□ あなたのご都合に合わせます。

( ) you are available.

□ 明日はご都合がよろしいですか？

Would some time tomorrow be ( )?

□ あいにく、その日は別の約束がありまして。

I'm afraid I have another ( ) that day.

□ お約束の日程を変更していただきたいのですが。

I'd like to change the ( ) of our meeting.

□ もう少し時間を早めていただくことは可能でしょうか？

Could we make it a bit ( )?

□ 午後3時に変更できますか？

Could I ( ) the appointment to 3 p.m.?

□ **Whenever** you are available.
ホウェ**ネ**ヴァ　ユー　アー　ァ**ヴェ**イラブル

＝ Whenever you like. / It's all up to you.

□ Would some time tomorrow be **convenient**?
ウッド　サム　タイム　トゥ**モ**ロゥ　ビィ　カン**ヴィ**ーニァント

月曜日はいかがですか？ Is Monday convenient for you?

□ I'm afraid I have another **appointment** that day.
アイム　ァフ**レ**イド　アイ　ハヴ　ァ**ナ**ザァ　ァ**ポ**イントゥメント　ザット　デイ

その日は大丈夫です。 That day is fine.

□ I'd like to change the **date** of our meeting.
アイド　**ラ**イク　トゥ　**チェ**インジ　ザ　**デ**イト　ァヴ　**ア**ウァ　**ミ**ーティング

変更したいのが「時間」なら date を time に、「場所」なら place にする。

□ Could we make it a bit **earlier**?
クッド　ウィ　**メ**イク　イット　ァ　ビット　**ア**ーリィア

時間を「遅く」したいときは earlier を later にする。

□ Could I **reschedule** the appointment to 3 p.m.?
クッド　アイ　リス**ケ**ジュール　ズィ　ァ**ポ**イントゥメント　トゥ　ス**リ**ー　ピーエム

【動】reschedule （日程などを）変更する、再調整する

072 そもそも英語で電話がかけられますか?
電話

□ もしもし、X社の小池と申します。

　　Hello, (　　) is Koike from X company.

□ ウィルソンさんをお願いしたいのですが。

　　May I (　　) to Mr. Wilson?

□ (相手が不在だった場合) いつ頃お戻りでしょうか?

　　When is he [she] going to be (　　)?

□ 電話があった旨、お伝えいただけますか?

　　Could you tell him [her] that I (　　)?

□ 折り返しお電話くださるよう、お伝えください。

　　Please tell him [her] to (　　) me (　　).

□ では、また後ほどお電話します。

　　OK, I'll (　　) (　　) later.

☐ Hello, **this** is Koike from X company.
　ハロゥ　ディス　ィズ　**こいけ**　フラム　**エクス**　カンパニィ

電話やメールで名乗るときは、my name is ～ではなく this is ～と言う。

☐ May I **speak** to Mr. Wilson?
　メィ　アイ　スピーク　トゥ　ミスタァ　**ウィルソン**

= I would like to speak to Mr. Wilson, please.

☐ When is he [she] going to be **back**?
　ホ**ウェン**　ィズ　ヒー [シー]　ゴゥイング　トゥー　ビィ　**バック**

= About what time will he [she] be back?

☐ Could you tell him [her] that I **called**?
　クッド　ユー　**テ**ル　ヒム [ハー]　ザット　アイ　**コールド**

伝言をお願いできますか？　Can I leave a message [**メッセジ**]？

☐ Please tell him [her] to **call** me **back**.
　プリーズ　テル　ヒム [ハー]　トゥ　**コール**　ミー　**バック**

= Could you ask him [her] to call me back?

☐ OK, I'll **call back** later.
　オウケィ　アイル　**コール**　**バック**　レィタァ

= I'll call him [her] again later.

073 英語で電話がかかってきても、これならビビらない ①

□ （電話が鳴って）私が出ます。

I'll (　　) the phone.

□ はい、Yコーポレーションです。ご用件をどうぞ。

Hello, (　　) is Y Corporation. How may I (　　) you?

□ どちらさまでしょうか？

May I ask who's (　　), please?

□ 恐れ入りますが、もう一度お名前をいただけますか？

I'm sorry, but may I (　　) your (　　) again?

□ 少々お待ちください。

(　　) on, please.

□ 英語を話す者に代わります。

I'll (　　) an English speaker.

- I'll **get** the phone.
  アイル **ゲッ**ト ザ フォウン

  誰か電話に出て。 Someone get [answer] the phone.

- Hello, **this** is Y Corporation. How may I **help** you?
  ハ**ロ**ゥ **ディ**ス イズ **ワ**イ コーポ**レ**イシャン **ハ**ゥ メィ アイ **ヘ**ルプ ユー

  どちらにご用でしょう？ Who would you like to speak to [with]?

- May I ask who's **calling**, please?
  メィ アイ **ア**スク **フ**ーズ **コ**ーリング プリーズ

  = Who's calling [this], please?

- I'm sorry, but may I **have** your **name** again?
  アイム **サ**ーリィ バット メィ アイ **ハ**ヴ ユア **ネ**イム ア**ゲ**ィン

  もう一度おっしゃっていただけますか？ Could you please repeat that?

- **Hold** on, please.
  ホゥルド オン プリーズ

  = Hold the line, please. / Could you please hold?

- I'll **get** an English speaker.
  アイル **ゲ**ット アン **イ**ングリッシュ ス**ピ**ーカァ

  = I'll get someone who speaks English.

074 英語で電話がかかってきても、これならビビらない 2

□ お待たせいたしました。

　Thank you for (　　　).

□ おつなぎします。

　I'll (　　　) you through.

□ （自分への電話に出た場合）私ですが。

　(　　　) is he [she].

□ （間違い電話に出た場合）そのような名前の者はおりませんが。

　(　　　) (　　　) no one by that name here.

□ 番号をお間違えのようです。

　I'm (　　　) you have the (　　　) number.

□ 申し訳ありません、ただ今ほかの電話に出ております。

　Sorry, but he's [she's] on another (　　　) now.

- ☐ Thank you for **waiting**.
  サンク ユー フォ ウェイティング

  = I'm sorry to keep you waiting.

- ☐ I'll **put** you through.
  アイル プット ユー スルー

  小池に代わります。 I'll put you through to Koike.

- ☐ **This** is he [she].
  ディス ィズ ヒー [シー]

  = Speaking.　　私が小池ですが。 This is Koike speaking.

- ☐ **There is** no one by that name here.
  ゼア ィズ ノゥ ワン バイ ザット ネイム ヒァ

  小池という者はおりませんが。 There is no Koike here.

- ☐ I'm **afraid** you have the **wrong** number.
  アイム アフレイド ユー ハヴ ザ ローング ナンバァ

  どちらにおかけですか？ What number are you calling?

- ☐ Sorry, but he's [she's] on another **line** now.
  サーリィ バット ヒーズ [シーズ] オン アナザァ ライン ナゥ

  ただ今話し中です。 His [Her] line is busy now.

075 堂々と英語で電話が取れる人のフレーズ 1

電話

□ ただ今席を外しております。

He's [She's] not at his [her] (　　) right now.

□ ただ今会議中です。

He's [She's] in a (　　) right now.

□ お急ぎですか？

Is it (　　)?

□ ただ今外出しております。

He's [She's] (　　) now.

□ 4時までには戻ると思います。

He [She] should be (　　) by four o'clock.

□ 来週の月曜日まで休暇をいただいております。

He's [She's] on (　　) until next Monday.

□ 本日はすでに退社いたしました。

He's [She's] already (　　) for the day.

☐ He's [She's] not at his [her] **desk** right now.
ヒーズ[シーズ] **ナ**ット アット ヒズ[ハー] **デ**スク **ラ**イト ナゥ

ただ今電話に出られません。 He's [She's] not available right now.

☐ He's [She's] in a **meeting** right now.
ヒーズ[シーズ] イン ァ **ミー**ティング **ラ**イト ナゥ

ただいま来客中です。 He's [She's] with a visitor now.

☐ Is it **urgent**?
ィズ イット **ア**ージャント

【形】urgent 急を要する、緊急の

☐ He's [She's] **out** now.
ヒーズ[シーズ] **ア**ゥト ナゥ

出張中です。 He's [She's] on a business trip.

☐ He [She] should be **back** by four o'clock.
ヒー[シー] シュッド ビィ **バ**ック バイ **フォ**ア ァ**ク**ラック

本日は戻らない予定です。 He [She] won't be back today.

☐ He's [She's] on **vacation** until next Monday.
ヒーズ[シーズ] オン ヴァ**ケ**イシャン ァン**ティ**ル **ネ**クスト **マ**ンデイ

本日はお休みをいただいております。 He's [She's] off today.

☐ He's [She's] already **left** for the day.
ヒーズ[シーズ] オール**レ**ディ **レ**フト フォ ザ デイ

＝ He's [She's] already left for home today.

076 堂々と英語で電話が取れる人のフレーズ 2

□ すみません、何度もお電話いただいて。

I'm sorry to have (　　) you call so many times.

□ 折り返し電話するように伝えましょうか？

Shall I ask him [her] to (　　) you (　　)?

□ 念のため、お電話番号を頂戴できますか？

Just in (　　), could I (　　) your phone number?

□ 伝言を承りますが。

Would you like to (　　) a message?

□ お電話ありがとうございます。

Thank you for (　　).

□ （電話を受けた人に）誰に電話ですか？

(　　) it for?

□ 営業電話でした。

It was a (　　) call.

- [ ] I'm sorry to have **made** you call so many times.
  アイム サーリィ トゥ ハヴ メイド ユー コール ソウ メニ タイムズ

  【句】make +人+動詞 (人) に～させる

- [ ] Shall I ask him [her] to **call** you **back**?
  シャル アイ アスク ヒム [ハー] トゥ コール ユー バック

  ＝ Shall I ask him [her] to return your call?

- [ ] Just in **case**, could I **have** your phone number?
  ジャスト イン ケイス クッド アイ ハヴ ユア フォウン ナンバァ

  お電話があったことを伝えておきます。 I'll tell him [her] you called.

- [ ] Would you like to **leave** a message?
  ウッド ユー ライク トゥ リーヴ ァ メッセジ

  ＝ May I take your message?

- [ ] Thank you for **calling**.
  サンク ユー フォ コーリング

  このあとに Good-bye. / Have a nice day. などと言って電話を切る。

- [ ] **Who's** it for?
  フーズ イット フォ

  ＝ Who's the call for?　　部長あてです。 It's for our manager.

- [ ] It was a **sales** call.
  イット ワズ ァ セイルズ コール

  間違い電話でした。 It was a wrong number.

077 ここがポイント！ パソコンとインターネットの英語

□ ネットで検索してみましょう。

I'll (　　) it up on the Internet.

□ ネットにつながりません。

I can't (　　) the Internet.

□ このソフトは使いやすいよ。

This software is (　　) to use.

□ このメールを関係者に転送してくれますか？

Can you forward this e-mail to the people (　　)?

□ 詳しいことはメールしてください。

Please send me an e-mail with the (　　).

□ このプロジェクトに関するメールはすべて私をCCに入れてください。

Please (　) me on all e-mails related to this project.

□ 書類はすべて添付で送ります。

I'll send you all the (　　) as an (　　).

- ☐ I'll **look** it up on the Internet.
  アイル　**ルック**　イット　**ア**ップ　オン　ズィ　**イン**タァネット

  ＝ I'll google it.　google は動詞としても使える。

- ☐ I can't **access** the Internet.
  アイ　**キャ**ーント　**ア**クセス　ズィ　**イン**タァネット

  どうもパソコンの調子が悪い。There's something wrong with my PC.

- ☐ This software is **easy** to use.
  ディス　**サ**フトウェア　イズ　**イー**ズィ　トゥ　ユーズ

  【句】be easy to ～　～しやすい（⇔ be hard to ～）

- ☐ Can you forward this e-mail to the people **concerned**?
  キャン　ユー　**フォ**ーワァド　ディス　**イー**メイル　トゥ　ザ　**ピー**プル　コン**サ**ーンド

  【形】concerned　関係している、該当する ※名詞の後ろに置く。

- ☐ Please send me an e-mail with the **details**.
  プリーズ　**セ**ンド　ミー　アン　**イー**メイル　ウィズ　ザ　**ディー**テイルズ

  【名】details　詳しいこと、詳細

- ☐ Please **CC** me on all e-mails related to this project.
  プリーズ　**シーシー**　ミー　オン　オール　**イー**メイルズ　リ**レ**イティッド　トゥ　ディス　プ**ラ**ジェクト

  CC も BCC も動詞として使える。

- ☐ I'll send you all the **documents** as an **attachment**.
  アイル　**セ**ンド　ユー　オール　ザ　**ダ**キュメンツ　アズ　アン　ア**タ**ッチメント

  【名】document　文書、書類　【名】attachment　添付ファイル

078 ここで差がつく！ パソコンとインターネットの英語

□ 添付ファイルが開けません。

I can't open the (　　) file.

□ このファイルのダウンロードには時間がかかります。

It (　　) a lot of time to download this file.

□ このファイルは削除してもいいですか？

Is it OK to (　　) this file?

□ データが全部消えてしまったようなんです。

It seems I've (　　) all my data.

□ このファイルはウイルスに感染しているかもしれません。

This file may be (　　) with a virus.

□ ウイルス対策ソフトは何を使っていますか？

What (　　) software do you use?

□ まだ電源は切らないで！

Don't (　　) it (　　) yet!

□ I can't open the **attached** file.
アイ キャーント オウプン ズィ アタッチト ファイル

「ファイルを閉じる」は close the file。

□ It **takes** a lot of time to download this file.
イット テイクス ア ラット アヴ タイム トゥ ダウンロウド ディス ファイル

「(ファイルを)圧縮する」は compress、「解凍する」は decompress。

□ Is it OK to **delete** this file?
イズ イット オウケィ トゥ ディリート ディス ファイル

delete「削除する」は erase [イレイス] も可。

□ It seems I've **lost** all my data.
イット シームズ アイヴ ロースト オール マイ デイタ

「(データを)入力する」は input、「修正する」は modify、「保存する」は save。

□ This file may be **infected** with a virus.
ディス ファイル メィ ビィ インフェクティッド ウィズ ア ヴァイラス

ウイルスチェックをしたほうがいい。 You should run a virus check on it.

□ What **antivirus** software do you use?
ホワット アンティヴァイラス サフトウェア ドゥ ユー ユーズ

「(ソフトを)インストールする」は install、「起動 [実行] する」は run。

□ Don't **turn** it **off** yet!
ドント ターン イット オーフ ィエット

「電源を入れる」は turn it on。

079 「いい会議」は、こんなひと言からはじまる

会議

□ 本日は、お忙しいところ時間をおとりいただき、ありがとうございます。

Thank you all for (　　) time out of your (　　) schedules to be here today.

□ 本日の議題は新しいプロジェクトについてです。

The purpose of this meeting is to (　　) the new project.

□ 皆さんおそろいですね。

Everyone has (　　) now.

□ では、会議を始めましょう。

So let's (　　) the meeting.

□ お手元に資料は回りましたでしょうか？

Did everyone receive the (　　)?

□ 二、三、ご意見をいただきたいと思いますが。

May I (　　) for two or three comments?

- ☐ Thank you all for **taking** time out of your **busy** schedules to be here today.
  サンク ユー オール フォ **テ**イキング **タ**イム アウト アヴ ユア **ビ**ズィ スケジュールズ トゥ ビィ **ヒ**ア トゥデイ

  = Thank you for your time today.

- ☐ The purpose of this meeting is to **discuss** the new project.
  ザ **パ**ーパス アヴ ディス **ミ**ーティング イズ トゥ ディス**カ**ス ザ **ニュ**ー プラジェクト

  = We are here today to discuss [talk about] the new project.

- ☐ Everyone has **arrived** now.
  エヴリワン ハズ ア**ラ**イヴド ナウ

  = Everyone is here now.

- ☐ So let's **start** the meeting.
  ソウ レッツ ス**タ**ート ザ ミーティング

  = So let's get started. / Shall we start now?

- ☐ Did everyone receive the **handouts**?
  ディッド **エ**ヴリワン リ**シ**ーヴ ザ **ハ**ンダウツ

  = Does everyone have the handouts?

- ☐ May I **ask** for two or three comments?
  メイ アイ **ア**スク フォ トゥー オァ スリー **カ**メンツ

  小池さん、ご意見は？ May I ask your opinion, Mr. Koike?

182

080 有意義な会議のために欠かせない言葉

会議

□ どなたか、ご質問はありますか？

Does anyone have any (　　)?

□ ちょっとよろしいですか？

May I (　　)?

□ もう一度、ご説明いただけますか？

Could you (　　) that again, please?

□ 簡単に言えば、こういうことです。

I can (　　) it like this.

□ それは検討中です。

It's under (　　).

□ 残り15分となりました。

I'm afraid we only have 15 minutes (　　).

☐ Does anyone have any **questions**?
ダズ **エ**ニワン ハヴ エニ ク**エ**スチョンズ

何かご質問は？ Do you have any questions?

☐ May I **interrupt**?
メィ アイ インタ**ラ**プト

【動】interrupt （話の）じゃまをする、(話に) 割って入る

☐ Could you **explain** that again, please?
クッド ユー イクスプレィン ザット ア**ゲィ**ン プリーズ

もっと詳しく教えてください。 Could you give us some more details?

☐ I can **summarize** it like this.
アイ キャン **サ**マライズ イット ライク ディス

いくつか例を挙げてみましょう。 Let me give you some examples.

☐ It's under **consideration**.
イッツ アンダァ カンシダ**レ**イシャン

検討いたします。 We'll consider it.

☐ I'm afraid we only have 15 minutes **left**.
アイム アフレイド ウィ **オ**ウンリィ ハヴ フィフ**ティ**ーン ミニッツ レフト

時間が足りなくなってきました。 We're running out of time.

081 このひと言で議題を変える！会議を終わらせる！

会議

□ 次の議題に移りましょう。

Let's move on to the next (　　　) on the (　　　).

□ 残念ですが、時間がなくなってしまいました。

I'm afraid we're (　　　) of time.

□ その件は別の機会に譲りましょうか？

Shall we (　　　) that item?

□ ではこれで会議を終了いたします。

This (　　　) our meeting.

□ 本日はご参加いただき、ありがとうございました。

Thank you for your (　　　) today.

□ ほかに何もないようでしたら、会議を終了したいと思います。

If there is (　　　) else to add, I'd like to wrap (　　　) the meeting.

- ☐ Let's move on to the next **item** on the **agenda**.
  レッツ　ムーヴ　オン　トゥ　ザ　ネクスト　**ア**イタム　オン　ズィ　ァ**ジェ**ンダ

  【名】item 項目　【名】agenda 協議事項、議事(日程)

- ☐ I'm afraid we're **out** of time.
  アイム　アフレイド　ウィァ　**ア**ウト　アヴ　**タ**イム

  【句】be out of 〜　〜がなくなっている、不足している

- ☐ Shall we **leave** that item?
  シャル　ウィ　**リ**ーヴ　ザット　**ア**イタム

  その件は後日話し合いましょう。 Let's discuss that at a later date.

- ☐ This **concludes** our meeting.
  ディス　カンク**ル**ーズ　アウァ　**ミ**ーティング

  【動】conclude 完結する、終える

- ☐ Thank you for your **participation** today.
  サンク　ユー　フォ　ユア　パーティシ**ペ**イシャン　トゥ**デ**イ

  ＝ Thank you for taking part today.

- ☐ If there is **nothing** else to add, I'd like to wrap **up** the meeting.
  イフ　ゼア　イズ　**ナ**ッスィング　**エ**ルス　トゥ　アッド　アイド　**ラ**イク　トゥ　**ラ**ップ　**ア**ップ　ザ　**ミ**ーティング

  【句】wrap up 〜　〜を終わりにする、切り上げる

8

結局、英語ができれば「海外旅行」はもっと楽しい

《空港・機内》 飛行機に乗るなら、忘れてはいけないフレーズ1 …. 189
《空港・機内》 飛行機に乗るなら、忘れてはいけないフレーズ2 …. 191
《空港・機内》 飛行機に乗るなら、忘れてはいけないフレーズ3 …. 193
《空港・機内》 飛行機に乗るなら、忘れてはいけないフレーズ4 …. 195
《ホテル》 これが言えたら、ホテルがもっと快適になる1 ………… 197
《ホテル》 これが言えたら、ホテルがもっと快適になる2 ………… 199
《ホテル》 これが言えたら、ホテルがもっと快適になる3 ………… 201
《レストラン》 美味しく食べるための大事なポイント1 ………… 203
《レストラン》 美味しく食べるための大事なポイント2 ………… 205
《バー》 さりげなく使ってみたい「バー」での英語 ……………… 207
《買い物》 英語で買い物をするには、ここをおさえる1 ………… 209
《買い物》 英語で買い物をするには、ここをおさえる2 ………… 211
《観光地》 観光地をまわるときに必要になる言葉1 ……………… 213
《観光地》 観光地をまわるときに必要になる言葉2 ……………… 215
《トラブル》 旅先で「まいった！」、こんなときどうする？ ………… 217

082 飛行機に乗るなら、忘れてはいけないフレーズ[1]

空港・機内

□ フライト予約の確認をしたいのですが。

I'd like to (　　) my reservation.

□ （チェックインカウンターで）預ける荷物はありません。

I don't have any baggage to (　　).

□ スーツケースを1つ預けます。

I have a suitcase to (　　) (　　).

□ これは機内に持ち込みます。

This is (　　)-on.

□ （かばんの中身を聞かれて）洋服だけです。

Only clothes, nothing (　　).

□ 上海行きに乗り継ぎます。

I'll (　　) planes to Shanghai.

□ 飛行機は定刻に出発しますか？

Will the plane take off as (　　)?

- ☐ I'd like to **reconfirm** my reservation.
  アイド ライク トゥ リカン**ファ**ーム マイ レザ**ヴェ**イシャン

  予約を確認するときは、名前 (name) と便名 (flight number) を言う。

- ☐ I don't have any baggage to **check**.
  アイ **ド**ント ハヴ エニ **バ**ギッジ トゥ **チェ**ック

  baggage「手荷物」は集合名詞なので複数形にしない。

- ☐ I have a suitcase to **check in**.
  アイ ハヴ ァ **ス**ートゥケイス トゥ **チェ**ック **イ**ン

  【句】check in ～（空港・駅などで荷物）を預ける

- ☐ This is **carry**-on.
  ディス イズ **キャ**リィオン

  【名】carry-on 機内持ち込み手荷物 ※ carry-on baggage の略。

- ☐ Only clothes, nothing **else**.
  オウンリィ ク**ロ**ウズ **ナ**ッスィング エルス

  【句】nothing else そのほかには何もない

- ☐ I'll **change** planes to Shanghai.
  アイル **チェ**インジ プ**レ**インズ トゥ シャン**ハ**イ

  「直行便」は direct [nonstop] flight、「乗継便」は connecting flight。

- ☐ Will the plane take off as **scheduled**?
  ウィル ザ プレイン テイク **オ**フ アズ ス**ケ**ジュールド

  （出発・到着は）どのくらい遅れますか？ How long will it be delayed?

083 飛行機に乗るなら、忘れてはいけないフレーズ 2

空港・機内

□ 搭乗は何番ゲートからですか？

From which gate do I (　　　)?

□ （機内で）私のかばんを棚に入れていただけますか？

Could you (　　) my bag (　　) the overhead bin?

□ （後ろの席の人に）座席を倒してもいいですか？

May I (　　　) my seat?

□ （トイレに行くときなど）通してください。

Can I get (　　　)?

□ 食事はいつ頃出ますか？

When will the meal be (　　　)?

□ （牛肉か魚かを聞かれて）牛肉をお願いします。

I'll (　　　) beef.

□ 飲み物は何がありますか？

(　　) (　　　) of drinks do you have?

- From which gate do I **board**?
  フラム　ホ**ウィ**ッチ　**ゲ**イト　ドゥ　アイ　**ボ**ード

  搭乗開始は何時からですか？　What time does boarding start?

- Could you **put** my bag **into** the overhead bin?
  クッド　ユー　**プ**ット　マイ　**バ**ッグ　イントゥ　ズィ　**オ**ウヴァヘッド　ビン

  【句】overhead bin　（機内の頭上にある）手荷物入れ

- May I **recline** my seat?
  メィ　アイ　リク**ラ**イン　マイ　**シ**ート

  座席を元に戻してもらえますか？　Could you put your seat upright?

- Can I get **through**?
  キャン　アイ　**ゲ**ット　ス**ル**ー

  ＝ Let me through.

- When will the meal be **served**?
  ホ**ウェ**ン　ウィル　ザ　**ミ**ール　ビィ　**サ**ーヴド

  機内食は出ますか？　Will there be in-flight meals?

- I'll **have** beef.
  アイル　ハヴ　**ビ**ーフ

  ＝ Beef, please.

- **What kind** of drinks do you have?
  ホワット　**カ**ィンド　アヴ　ドゥ**リ**ンクス　ドゥ　ユー　ハヴ

  スパークリングワインはありますか？　Do you have sparkling wine?

084 飛行機に乗るなら、忘れてはいけないフレーズ ③

空港・機内

□ 毛布をいただけますか？

Can I have a (　　)?

□ テレビが壊れているようなのですが。

The TV set seems to be (　　) of order.

□ トイレは今、使えますか？

Can I use the (　　) now?

□ 台湾への到着予定は何時ですか？

What time are we (　　) to arrive at Taiwan?

□ 現地時間は何時ですか？

What's the (　　) time?

□ （入国審査。渡航目的を聞かれて）観光です。

I'm here on (　　).

□ Can I have a **blanket**?
キャン アイ ハヴ ァ ブランキット

【名】blanket 毛布　「枕」は pillow [ピロウ]。

□ The TV set seems to be **out** of order.
ザ ティーヴィー セット シームズ トゥ ビィ アウト アヴ オーダァ

【句】be out of order　故障している、正常に動作しない

□ Can I use the **restroom** now?
キャン アイ ユーズ ザ レストゥルーム ナゥ

トイレはどこですか？　Where is the restroom?

□ What time are we **expected** to arrive at Taiwan?
ホワット タイム アー ウィ イクスペクティッド トゥ アライヴ アット タイワーン

【句】be expected to 〜　〜する予定 [見込み・見通し] である

□ What's the **local** time?
ホワッツ ザ ロゥカル タイム

気温はどのくらいですか？　What's the temperature there?

□ I'm here on **vacation**.
アイム ヒァ オン ヴァケイシャン

＝ Sightseeing.　「仕事」なら (I'm here on) business.

085 飛行機に乗るなら、忘れてはいけないフレーズ ④

空港・機内

□ （滞在期間を聞かれて）2週間ほどです。

( ) about two weeks.

□ （滞在場所を聞かれて）カリフォルニアのＡＢＣホテルです。

I'll be ( ) at ABC Hotel in California.

□ （税関で）申告するものはありません。

I don't have anything to ( ).

□ 荷物はどこで受け取れますか？

Where do I ( ) up my baggage?

□ 荷物が出てこなかったのですが。

My baggage didn't come ( ).

□ エアポートバスはどこから出ていますか？

Where do airport buses ( )?

- ☐ **For** about two weeks.
  フォ　アバウト　**トゥー**　ウィークス

  【前】for 〜 （期間を表して）〜の間、〜にわたって

- ☐ I'll be **staying** at ABC Hotel in California.
  アイル　ビィ　ステイング　アット　**エイビーシー**　ホウテル　イン　カリフォーニャ

  友人の家に滞在します。 I'll be staying at a friend's house.

- ☐ I don't have anything to **declare**.
  アイ　ドント　ハヴ　エニスィング　トゥ　ディクレア

  申告書です。 Here's my declaration [デクラレィシャン].

- ☐ Where do I **pick** up my baggage?
  ホウエァ　ドゥ　アイ　ピック　アップ　マイ　バギッジ

  カートはどこにありますか？ Where are the baggage carts?

- ☐ My baggage didn't come **out**.
  マイ　バギッジ　ディドゥント　カム　アウト

  手荷物引換証はこれです。 Here is my claim [クレイム] tag.

- ☐ Where do airport buses **leave**?
  ホウエァ　ドゥ　エアポート　バスィズ　リーヴ

  タクシー乗り場はどこですか？ Where is the taxi stand?

086 これが言えたら、ホテルがもっと快適になる 1

□ 小池と申しますが。チェックインをお願いします。

My name is Koike. I'd like to (　) (　), please.

□ ツインの部屋を予約しています。

I have a (　　) for a twin room.

□ チェックアウトは何時ですか？

When is check-out (　　)?

□ 荷物を部屋へ運んでもらえますか？

Could you (　　) my baggage to the room?

□ セーフティボックスを利用したいのですが。

I'd like to use the (　　).

□ 部屋でインターネットを使えますか？

Do I have an Internet (　　) in my room?

- ☐ My name is Koike. I'd like to **check in**, please.
  マイ ネイム イズ **こいけ** アイド **ラ**イク トゥ **チェ**ック イン プリーズ

  これが予約の確認書です。 Here is my confirmation slip.

- ☐ I have a **reservation** for a twin room.
  アイ ハヴ ァ レザ**ヴェ**イシャン フォ ァ トゥ**ウィ**ン ルーム

  3泊で予約しています。 I have a reservation for 3 nights.

- ☐ When is check-out **time**?
  ホ**ウェ**ン ィズ **チェ**ッカウト **タ**イム

  朝食は何時から何時までですか？ When is breakfast time?

- ☐ Could you **bring** my baggage to the room?
  クッド ユー **ブ**リング マイ **バ**ギッジ トゥ ザ ルーム

  (荷物は)自分で運びます。 I'll carry it myself.

- ☐ I'd like to use the **safe**.
  アイド **ラ**イク トゥ ユーズ ザ **セ**イフ

  貴重品を預かってもらえますか？ Could you keep my valuables?

- ☐ Do I have an Internet **connection** in my room?
  ドゥ アイ ハヴ アン **イ**ンタァネット カ**ネ**クシャン イン マイ ルーム

  【句】have an Internet connection　インターネットに接続できる環境がある

087 これが言えたら、ホテルがもっと快適になる 2

□ ここの代金は、部屋につけておいていただけますか？

Could you (　　) this to my room?

□ ルームサービスはまだやっていますか？

Is room service still (　　)?

□ 氷と水を持ってきてください。

Please (　　) some ice and water.

□ レンタカーの手配をお願いできますか？

Can I get a (　　) car at the hotel?

□ 部屋に鍵を置いたままロックしてしまいました。

I've (　　) my key in my room.

□ お湯が出ません。

I can't get any (　　) water.

- Could you **charge** this to my room?
  クッド　ユー　**チャージ**　ディス　トゥ　マイ　**ルー**ム

  【動】charge（代金を）請求する、課す

- Is room service still **available**?
  イズ　**ルー**ム　**サー**ヴィス　スティル　ア**ヴェ**イラブル

  ルームサービスをお願いしたいのですが。I'd like to order some room service.

- Please **bring** some ice and water.
  プリーズ　ブリング　サム　**ア**イス　アンド　**ウォー**タァ

  109号室です。This is room 109 [ワン　オゥ　ナイン].

- Can I get a **rental** car at the hotel?
  キャン　アイ　**ゲ**ット　ア　**レ**ントゥル　カー　アット　ザ　ホゥ**テ**ル

  タクシーを呼んでもらえますか？ Could you call a taxi for me?

- I've **locked** my key in my room.
  アイヴ　**ラ**ックト　マイ　**キ**ー　イン　マイ　ルーム

  部屋の鍵をなくしてしまいました。I've lost my room key.

- I can't get any **hot** water.
  アイ　**キャー**ント　ゲット　エニ　**ハ**ット　ウォータァ

  トイレが流れません。The toilet doesn't flush [フラッシュ].

088 これが言えたら、ホテルがもっと快適になる 3

□ インターネットに接続できません。

I can't ( ) to the Internet.

□ エアコンの調子が悪いのですが。

Something's ( ) with the air-conditioner.

□ 冷蔵庫の飲み物を飲みました。

I ( ) some drinks from the mini-bar.

□ この料金は何ですか？

What's this ( ) for?

□ 支払いはカードでお願いします。

I'd like to ( ) by credit card.

□ チェックアウト後、荷物を預かっていただけますか？

Can I ( ) my baggage here after check-out?

- [ ] I can't **connect** to the Internet.
  アイ キャーント カネクト トゥ ズィ インタァネット

  テレビがつきません。 The TV doesn't work.

- [ ] Something's **wrong** with the air-conditioner.
  サムスィングズ ローング ウィズ ズィ エァ カンディショナァ

  【句】Something's wrong with 〜. 〜はどこかがおかしい。

- [ ] I **had** some drinks from the mini-bar.
  アイ ハッド サム ドゥリンクス フラム ザ ミニバー

  冷蔵庫は利用していません。 I didn't use the mini-bar.

- [ ] What's this **charge** for?
  ホワッツ ディス チャージ フォー

  勘定が違うようです。 I think there's a mistake in the bill [ビル].

- [ ] I'd like to **pay** by credit card.
  アイド ライク トゥ ペイ バイ クレディット カード

  現金で払います。 I'd like to pay in cash [キャッシュ].

- [ ] Can I **leave** my baggage here after check-out?
  キャン アイ リーヴ マイ バギッジ ヒァ アーフタ チェッカウト

  部屋に忘れ物をしました。 I left something in my room.

089 レストラン
美味しく食べるための大事なポイント 1

□ 7時で予約している小池です。

I have a (　　) (　　) 7:00. My name is Koike.

□ （予約していない場合）2人ですが、席はありますか？

Do you have a table (　　) two?

□ （満席の場合）どのくらい待ちますか？

How (　　) do we have to wait?

□ メニューをいただけますか？

May I (　　) a menu, please?

□ おすすめの料理は何ですか？

What do you (　　)?

□ 注文をお願いします。

Can we (　　) now?

□ これをください。

I'll have this (　　).

- [ ] I have a **reservation at** 7:00. My name is Koike.
  アイ　ハヴ　ァ　レザ**ヴェ**イシャン　アット　**セ**ヴン　マイ　ネイム　ィズ　**こいけ**

  あとで1人遅れて来ます。 One more person is coming later.

- [ ] Do you have a table **for** two?
  ドゥ　ユー　ハヴ　ァ　**テ**イブル　フォ　**トゥ**ー

  窓ぎわの席をお願いします。 I'd like a table by the window.

- [ ] How **long** do we have to wait?
  ハウ　**ロ**ング　ドゥ　ウィ　**ハ**フ　トゥ　**ウェ**イト

  待ちます。 We'll wait.　　またにします。 We'll come back later.

- [ ] May I **have** a menu, please?
  メィ　アイ　ハヴ　ァ　**メ**ニュー　プリーズ

  日本語のメニューはありますか？ Do you have a menu in Japanese?

- [ ] What do you **recommend**?
  ホ**ワ**ット　ドゥ　ユー　レカ**メ**ンド

  地元の料理を食べてみたいのですが。 I'd like to try some local dishes.

- [ ] Can we **order** now?
  キャン　ウィ　**オ**ーダァ　ナゥ

  （注文を聞かれて）まだ考え中です。 We're still deciding.

- [ ] I'll have this **one**.
  アイル　ハヴ　**ディ**ス　ワン

  ＝ I'd like this.　メニューを指さしながら使う表現。

090 美味しく食べるための大事なポイント 2

レストラン

□ 私にも同じものをください。

　Same ( ), please.

□ 注文したものと違います。

　This is not ( ) I ordered.

□ 塩を取っていただけますか？

　Could you ( ) me the salt?

□ （飲み物などをすすめられて）今は結構です。

　Maybe ( ), thanks.

□ （食器などを下げられそうになって）まだ終わっていません。

　I'm not ( ) yet.

□ （食事が終わって）これを下げていただけますか？

　Could you take this ( )?

□ お会計をお願いします。

　Can I have the ( ), please?

□ Same **here**, please.
　セイム　ヒァ　プリーズ

デザートはあとで注文します。 I'll order dessert [ディ**ザ**ート] later.

□ This is not **what** I ordered.
　ディス　イズ　**ナ**ット　ホワット　アイ　**オ**ーダッド

注文したものがまだきません。 My order hasn't come yet.

□ Could you **pass** me the salt?
　クッド　ユー　パス　ミー　ザ　**ソ**ルト

【名】salt　塩　「コショウ」は pepper [**ペ**パァ]。

□ Maybe **later**, thanks.
　メイビー　**レ**イタァ　サンクス

= Not right now, thanks.　やんわりと断る表現。

□ I'm not **finished** yet.
　アイム　**ナ**ット　フィニッシュト　ィ**エ**ット

（コーヒーなど）お代わりをください。 I'd like a refill [**リ**フィル], please.

□ Could you take this **away**?
　クッド　ユー　**テ**イク　ディス　ァウ**エ**ィ

ごちそうさまでした。 It was very good. / I really enjoyed the meal.

□ Can I have the **check**, please?
　キャン　アイ　ハヴ　ザ　**チ**ェック　プリーズ

ここ（＝テーブル）で支払えますか？ Can I pay here?

091 さりげなく使ってみたい「バー」での英語

□ ラガービールを1杯ください。

I'll have a (　　　) of lager.

□ カナディアンウイスキーをロックでお願いします。

I'd like a Canadian whisky, on the (　　　).

□ バーボンのストレートをダブルで。

I'll have a double bourbon, straight (　　　).

□ スコッチの水割りをください。

A Scotch and (　　　), please.

□ 同じものをもう1杯ください。

Can I have (　　　) one, please?

□ おすすめのカクテルはありますか？

Can you (　　　) any cocktail?

□ この店は何時までですか？

What time do you (　　　)?

- ☐ I'll have a **pint** of lager.
  アイル ハヴ ァ **パイント** アヴ **ラ**ーガァ

  ビールの数量はふつう、a glass of ではなく a pint of を使う。

- ☐ I'd like a Canadian whisky, on the **rocks**.
  アイド ライク ァ カ**ネ**ィディアン **ウィ**スキ オン ザ **ラ**ックス

  「(オンザ) ロック」は rock ではなく rocks と複数形になる。

- ☐ I'll have a double bourbon, straight **up**.
  アイル ハヴ ァ **ダ**ブル **バ**ーボン ストゥ**レ**イト **ア**ップ

  「ストレート」は straight up または neat [ニート] と言う。

- ☐ A Scotch and **water**, please.
  ァ ス**カ**ッチ アンド **ウォ**ータァ プ**リ**ーズ

  「ウイスキーのソーダ割り」は whisky and soda [**ソ**ウダァ]。

- ☐ Can I have **another** one, please?
  キャン アイ ハヴ ァ**ナ**ザァ ワン プ**リ**ーズ

  = Same again, please.

- ☐ Can you **recommend** any cocktail?
  キャン ユー レカ**メ**ンド エニ **カ**クテイル

  何かおつまみはありますか? Do you have any snacks [ス**ナ**ックス]?

- ☐ What time do you **close**?
  ホ**ワ**ット **タ**イム ドゥ ユー ク**ロ**ゥズ

  この店の営業時間は? What are your business [opening] hours?

英語で買い物をするには、ここをおさえる①

□ このあたりにお土産屋さんはありますか？

　Is there a (　　　) shop around here?

□ サングラスはどこですか？

　Where can I (　　　) sunglasses?

□ （店員が寄ってきたとき）ちょっと見ているだけです。

　I'm just (　　　), thank you.

□ このおもちゃは何歳向けですか？

　What (　　　) is this toy for?

□ 試着してもいいですか？

　May I try it (　　　)?

□ サイズが合いません。

　It doesn't (　　　).

☐ Is there a **souvenir** shop around here?
イズ　ゼア　ァ　スーヴァニァ　シャップ　アラウンド　**ヒ**ァ

ショッピング街はどこですか？　Where is the shopping area?

☐ Where can I **find** sunglasses?
ホウ**エ**ァ　キャン　アイ　ファインド　**サ**ングラシズ

一番人気があるのはどれですか？　Which is the most popular?

☐ I'm just **looking**, thank you.
アイム　**ジャ**スト　**ル**ッキング　サンク　ユー

（スマホの写真などを見せて）これを探しています。　I'm looking for this.

☐ What **age** is this toy for?
ホ**ワ**ット　**エ**イジ　ィズ　ディス　トイ　**フォ**ー

これはどうやって使うんですか？　How can I use this?

☐ May I try it **on**?
メィ　アイ　トゥ**ラ**イ　イット　**オ**ン

素材は何ですか？　What is this made of?

☐ It doesn't **fit**.
イット　**ダ**ズント　フィット

ぴったりです。　It fits perfectly.　　大き過ぎるようです。　It's too big.

093 英語で買い物をするには、ここをおさえる 2

□ もう少し小さいサイズはありますか？

　Do you have this in a (　　) size?

□ これにします。

　I'll (　　) this.

□ これを10個ほしいのですが。

　I'd like 10 of (　　).

□ 全部でいくらですか？

　How much is it all (　　)?

□ プレゼント用に包んでもらえますか？

　Could you (　　)-(　　) it, please?

□ また来ます。

　I'll be (　　).

- ☐ Do you have this in a **smaller** size?
  ドゥ ユー ハヴ ディス イン ァ ス**モ**ーラァ **サ**イズ

  色違いはありますか？ Do you have this in a different color?

- ☐ I'll **take** this.
  アイル **テ**イク ディス

  ちょっと考えます。 I'll think about it. / Let me think about it.

- ☐ I'd like 10 of **these**.
  アイド ライク **テ**ン ァヴ ズィーズ

  在庫はありますか？ Do you have this in stock［スタック］?

- ☐ How much is it all **together**?
  ハゥ マッチ イズ イット **オ**ール トゥ**ゲ**ザァ

  = What's the total?　 レジはどこですか？ Where's the cashier?

- ☐ Could you **gift-wrap** it, please?
  クッド ユー **ギ**フトゥラップ イット プリーズ

  = Could you wrap it as a gift?

- ☐ I'll be **back**.
  アイル ビィ **バ**ック

  = I'll come back later.　 何も買わずに店から出るときなどに使う。

094 観光地をまわるときに必要になる言葉 ①

□ 観光案内所はどこですか？

　Where's the tourist (　　　) center?

□ 観光案内のパンフレットはありますか？

　Do you have a sightseeing (　　　)?

□ 観光ツアーに参加したいのですが。

　I'd like to take a (　　　) tour.

□ (タクシーで) セントラルパークまでお願いします。

　(　　　) me to Central Park, please.

□ このあたりで結構です。

　Here's (　　　), thanks.

□ お釣りは結構です。

　Keep the (　　　).

□ (街で) 道に迷いました。

　I'm (　　　).

- [ ] Where's the tourist **information** center?
  ホウェアズ ザ トゥリスト インファ**メ**イシャン センタァ

  日本語の案内はありますか？ Do you have information in Japanese?

- [ ] Do you have a sightseeing **brochure**?
  ドゥ ユー ハヴ ァ **サ**イトゥシーイング ブロゥ**シュ**ァ

  バスの路線図をいただけますか？ May I have a bus route [ルート] map?

- [ ] I'd like to take a **sightseeing** tour.
  アイド **ラ**イク トゥ テイク ァ **サ**イトゥシーイング **トゥ**ァ

  どんなツアーがありますか？ What kind of tours do you have?

- [ ] **Take** me to Central Park, please.
  テイク ミー トゥ **セ**ントゥラル **パ**ーク プリーズ

  ＝ I'd like to go to Central Park.

- [ ] Here's **fine**, thanks.
  ヒァズ **ファ**イン サンクス

  ここでちょっと待っていてもらえますか？ Could you wait for me here?

- [ ] Keep the **change**.
  キープ ザ **チェ**インジ

  （チップを渡すとき）はい、どうぞ。 This is for you.

- [ ] I'm **lost**.
  アイム **ロ**ースト

  ＝ I lost my way.　ここはどこですか？ Where am I?

095 観光地をまわるときに必要になる言葉 ②

□ パース駅へはどう行けばいいですか？

How can I ( ) to Perth Station?

□ タクシーはどこで拾えますか？

Where can I ( ) a taxi?

□ この電車はロンドンに行きますか？

Does this train ( ) to London?

□ 時間はどのくらいかかりますか？

How long does it ( )?

□ ここで写真を撮ってもいいですか？

Can I ( ) pictures here?

□ 写真を撮っていただけませんか？

Could you take ( ) ( )?

□ 一緒に写真に入っていただけませんか？

Would you please take a picture ( ) me?

- ☐ How can I **get** to Perth Station?
  ハゥ　キャン　アイ　**ゲ**ット　トゥ　**パ**ース　ス**テ**イシャン

  最寄りの駅はどこですか？　Where's the nearest station?

- ☐ Where can I **get** a taxi?
  ホゥ**エ**ァ　キャン　アイ　**ゲ**ット　ァ　**タ**クシ

  ここから歩いて行けますか？　Can I walk from here?

- ☐ Does this train **go** to London?
  ダズ　ディス　トゥレイン　**ゴ**ゥ　トゥ　**ラ**ンドン

  シカゴに行く電車はどれですか？　Which train goes to Chicago?

- ☐ How long does it **take**?
  ハゥ　**ロ**ング　ダズ　イット　**テ**イク

  ここからいくつ目の駅ですか？　How many stops is it from here?

- ☐ Can I **take** pictures here?
  キャン　アイ　**テ**イク　**ピ**クチャズ　ヒァ

  写真を撮りましょうか？　Would you like me to take your picture?

- ☐ Could you take **my picture**?
  ク**ッ**ド　ユー　**テ**イク　マイ　**ピ**クチャ

  もう1枚お願いします。　One more please.

- ☐ Would you please take a picture **with** me?
  ウッド　ユー　プ**リ**ーズ　**テ**イク　ァ　**ピ**クチャ　**ウィ**ズ　ミー

  あのお城をバックにお願いします。　Get the castle in the background, please.

096 旅先で「まいった！」、こんなときどうする？
トラブル

□ うちの子が迷子になりました。

My child is (　　).

□ パスポートをなくしてしまいました。

I (　　) my passport.

□ 事故にあいました。

I just had an (　　).

□ 財布を盗まれました。

My wallet was (　　).

□ 緊急です！

It's an (　　)!

□ 救急車を呼んでください！

Call an (　　)!

- ☐ My child is **missing**.
  マイ **チャ**イルド イズ **ミ**シング

  = My child is lost.　　荷物がなくなりました。 My baggage is lost.

- ☐ I **lost** my passport.
  アイ **ロ**ースト マイ **パ**スポート

  日本大使館はどこにありますか？ Where is the Japanese Embassy?

- ☐ I just had an **accident**.
  アイ ジャスト **ハ**ッド アン **ア**クシデント

  ケガをしてしまいました。 I got injured [**イ**ンジャド].

- ☐ My wallet was **stolen**.
  マイ **ワ**レット ワズ ス**ト**ウルン

  バッグをタクシーに置き忘れました。 I left my bag in the taxi.

- ☐ It's an **emergency**!
  イッツ アン イ**マ**ージェンシィ

  だれか警察を呼んでください！ Someone call the police [パ**リ**ース]!

- ☐ Call an **ambulance**!
  コール アン **ア**ンビュランス

  近くに病院はありますか？ Is there a hospital [**ハ**スピトゥル] nearby?

218

9
「できる大人」は、こんなひと言で会話を転がす

《趣味の話題》　共通の話題があると、仲良くなれる① ……………… 221
《趣味の話題》　共通の話題があると、仲良くなれる② ……………… 223
《趣味の話題》　共通の話題があると、仲良くなれる③ ……………… 225
《ニュースの話題》　世の中でいま、何がおきている？…………………… 227
《家族の話題》　家族の状況をていねいに質問する、説明する ……… 229
《食べ物の話題》　食べ物の話はいつでも楽しい ……………………… 231
《健康の話題》　身体と健康をテーマに、英語で話せますか？………… 233

097 共通の話題があると、仲良くなれる 1

趣味の話題

□ 最近ジョギングを始めました。

I recently (　　) jogging.

□ 映画を見るのが好きです。

I like (　　) movies.

□ 料理に凝っているんだ。

I'm (　　) cooking.

□ ジャズが大好きなんです。

I'm a big (　　) of jazz music.

□ ジムにはいつから通っているんですか？

How (　　) have you been going to the gym?

□ スキューバダイビングを始めたきっかけは？

What (　　) you start scuba diving?

- I recently **started** jogging.
  アイ リースントゥリ スターティッド ジャギング

  週に2回、ヨガをしています。 I do yoga twice a week.

- I like **watching** movies.
  アイ ライク ワッチング ムーヴィズ

  キャンプに行くのが大好きなんです。 I really like going camping.

- I'm **into** cooking.
  アイム イントゥ クッキング

  【句】be into ~ ~に熱中している、はまっている

- I'm a big **fan** of jazz music.
  アイム ア ビッグ ファン アヴ ジャズ ミューズィック

  【句】a big [huge] fan of ~ ~の大ファン、~の熱心な愛好者

- How **long** have you been going to the gym?
  ハウ ロング ハヴ ユー ビン ゴウイング トゥー ザ ジム

  ジムにはどのくらい行くんですか？ How often do you go to the gym?

- What **made** you start scuba diving?
  ホワット メイド ユー スタート スクーバ ダイヴィング

  なぜ中国語を習い始めたの？ Why did you start learning Chinese?

098 共通の話題があると、仲良くなれる 2

趣味の話題

□ まだまだ初心者なんです。

　I'm still just a (　　　).

□ スポーツは苦手です。

　I'm not (　　　) at sports.

□ これといった趣味がないんですよ。

　I don't have any (　　　) in particular.

□ あなたは犬派ですか？　猫派ですか？

　Are you a (　　) person or a (　　) person?

□ 何かペットを飼っていますか？

　Do you have any (　　　)?

□ 犬の散歩は一日に何回しますか？

　How many (　　) a day do you (　　) your dog?

☐ I'm still just a **beginner**.
アイム スティル ジャスト ァ ビ**ギ**ナァ

下手の横好きです。 I love it, although I'm not good at it at all.

☐ I'm not **good** at sports.
アイム **ナ**ット グッド アット スポーツ

【句】be good at ～ ～が得意［上手］である

☐ I don't have any **hobbies** in particular.
アイ **ド**ント ハヴ エニ **ハ**ビィズ イン パ**ティ**キュラァ

何をやっても長続きしなくて。 I never do anything for very long.

☐ Are you a **dog** person or a **cat** person?
アー ユー ァ ド**ー**ッグ パースン オァ ァ **キャ**ット パースン

私は犬も猫も両方好きです。 I like both［ボゥス］dogs and cats.

☐ Do you have any **pets**?
ドゥ ユー ハヴ エニ **ペ**ッツ

どんな種類の犬ですか？ What kind of dog is he [she]?

☐ How many **times** a day do you **walk** your dog?
ハウ メニ **タ**イムズ ァ デイ ドゥ ユー **ウォ**ーク ユア ド**ー**ッグ

【句】How many times a day ～？ 一日に何回～ですか？

099 共通の話題があると、仲良くなれる 3

趣味の話題

□ あなたの猫の名前は？

What do you ( ) your cat?

□ ペットを飼おうと思っています。

I'm thinking about ( ) a pet.

□ 服のセンスがとてもいいですね。

You have really good ( ) in clothes.

□ あなたのニット帽の色は、今シーズンの流行ですよね。

The color of your knit cap is in ( ) this season.

□ アートとかファッションにとても興味があるんです。

I'm really ( ) in the arts and fashion.

□ 好きなブランドは何ですか？

Which brand do you ( )?

□ これは絶対に流行りますね。

This will be a ( ).

☐ What do you **call** your cat?
ホワット ドゥ ユー **コール** ユア **キャット**

= What is the name of your cat?

☐ I'm thinking about **getting** a pet.
アイム **スィ**ンキング アバウト **ゲッ**ティング ア **ペッ**ト

ペットは人生を豊かにしてくれるよ。 Pets enrich [エンリッチ] our lives.

☐ You have really good **taste** in clothes.
ユー ハヴ **リ**ァリィ **グッ**ド **テ**イスト イン **クロ**ウズ

【句】have good taste in 〜 〜のセンスがある、〜の趣味がよい

☐ The color of your knit cap is in **fashion** this season.
ザ **カ**ラァ アヴ ユア **ニッ**ト **キャ**ップ イズ イン **ファッ**シャン ディス **シー**ズン

【句】be in fashion 流行している (⇔ be out of fashion)

☐ I'm really **interested** in the arts and fashion.
アイム **リ**ァリィ **イ**ンテレスティッド イン ズィ **アー**ツ アンド **ファッ**シャン

これが最近の流行りですよ。 This is the latest trend [トゥレンド].

☐ Which brand do you **prefer**?
ホ**ウィ**ッチ ブ**ラ**ンド ドゥ ユー プリ**ファー**

今、このブランドは人気ですね。 This brand is hot right now.

☐ This will be a **sensation**.
ディス ウィル ビィ ア セン**セ**イシャン

【名】sensation 世間をわかせるもの、大評判

100 世の中でいま、何がおきている？
ニュースの話題

□ 震度3くらいですね。

　　Maybe the earthquake (　　) is 3.

□ 停電だ！

　　It's a (　　)!

□ 地球温暖化の影響ですかね。

　　I wonder if it's an influence of (　　) warming.

□ 明日は投票日ですね。

　　Tomorrow is the (　　) day.

□ 日本はまだまだ景気が悪いですね。

　　Japan's economy is still (　　).

□ 株価は下がり続けています。

　　(　　) prices are dropping.

☐ Maybe the earthquake **intensity** is 3.
メイビー ズィ **ア**ースクウェイク イン**テ**ンシティ ィズ ス**リ**ー

震源地はどこでしたか？ Where was the epicenter [**エ**パセンタァ]？

☐ It's a **blackout**!
イッツ ァ ブ**ラ**ッカウト

エレベーターが止まりました！ The elevator has stopped working!

☐ I wonder if it's an influence of **global** warming.
アイ **ワ**ンダァ イフ イッツ アン イン**フ**ルアンス アヴ グ**ロ**ウバル **ウォ**ーミング

最近、気候が変ですよね。 The climate has been weird lately.

☐ Tomorrow is the **election** day.
トゥ**モ**ロゥ ィズ ズィ イ**レ**クシャン デイ

期日前投票に行ってきました。 I went to early vote [**ヴォ**ゥト].

☐ Japan's economy is still **weak**.
ジャパンズ イ**カ**ナミ ィズ ス**ティ**ル **ウィ**ーク

景気は上向きですよ。 The economy is picking up.

☐ **Stock** prices are dropping.
ス**タ**ック プ**ラ**イシズ アー ドゥ**ラ**ッピング

景気はいつ回復するんでしょう？ When will the economy recover?

101 家族の状況をていねいに質問する、説明する

家族の話題

□ うちは４人家族です。

We're a (　　) of four.

□ ご結婚されていますか？

Are you (　　)?

□ 娘が６年生なんです。

My (　　) is in the sixth grade.

□ むずかしい年頃ですね。

She's at a difficult (　　).

□ 昨年から母の介護をしています。

I've been taking (　　) of my mother since last year.

□ 夫は育児に協力してくれます。

My husband helps with (　　).

□ We're a **family** of four.
ウィア ァ **ファ**ミリィ ァヴ **フォ**ァ

= There are four people in my family.

□ Are you **married**?
アー ユー **マ**リッド

お子さんはいらっしゃいますか？ Do you have any children?

□ My **daughter** is in the sixth grade.
マイ **ドー**タァ ィズ イン ザ **シ**ックスス グレイド

2歳の息子がいます。 We have a two-year-old son [サン].

□ She's at a difficult **age**.
シーズ アット ァ **ディ**フィカルト エイジ

口ごたえばかりします。 She talks back to me all the time.

□ I've been taking **care** of my mother since last year.
アイヴ ビン **テ**イキング **ケ**ァ ァヴ マイ **マ**ザァ シンス **ラ**スト ィア

【句】take care of ～ ～の世話をする、面倒を見る、～を介護する

□ My husband helps with **childcare**.
マイ **ハ**ズバンド **ヘ**ルプス ウィズ **チャ**イルドゥケア

とても親ばかなんですよ。 He's a doting [**ド**ウティング] father.

102 食べ物の話はいつでも楽しい

食べ物の話題

□ 食べ物で好き嫌いはありますか？

Do you have likes and (　　) about food?

□ 私は魚より肉のほうが好きです。

I like meat (　　) than fish.

□ 私はたいてい社員食堂で昼食をとります。

I usually (　　) (　　) in the company cafeteria.

□ 彼は典型的なグルメですね。

He is a (　　) gourmet.

□ お酒は飲まれますか？

Do you (　　) alcohol?

□ 私は甘党なんです。

I have a sweet (　　).

□ Do you have likes and **dislikes** about food?
ドゥ ユー ハヴ **ライクス** アンド ディス**ライクス** アバウト **フード**

ほとんど何でも食べます。 I eat almost [**オール**モゥスト] anything.

□ I like meat **better** than fish.
アイ ライク ミート **ベ**ट्ट्रを ザン フィッシュ

【句】like A better than B　BよりAのほうが好きである

□ I usually **have lunch** in the company cafeteria.
アイ **ユー**ジュアリィ ハヴ **ランチ** イン ザ **カン**パニィ キャフェ**ティ**アリア

【副】usually ふつうは、通例、いつもは

□ He is a **typical** gourmet.
ヒー イズ ア **ティ**ピカル グ**メ**イ

【名】gourmet グルメ、食通、美食家　※発音に注意。

□ Do you **drink** alcohol?
ドゥ ユー ドゥ**リ**ンク **ア**ルコホール

＝ Do you drink?　たしなむ程度です。 I'm a social [**ソ**ゥシャル] drinker.

□ I have a sweet **tooth**.
アイ ハヴ ア スゥ**イ**ート **トゥ**ース

ダイエットしなきゃ。 I have to go on a diet [**ダ**イアット].

103 身体と健康をテーマに、英語で話せますか？

健康の話題

□ いつも疲れ知らずですね。

You never get (　　　).

□ 太りました。

I've (　　　) weight.

□ ストレスはいつもどうやって解消していますか？

How do you usually (　　　) stress?

□ 体には気をつけないとね。

We have to take (　　　) of ourselves.

□ バランスのいい食事をとるように心がけています。

I try to eat a well-balanced (　　　).

□ 健康が第一ですよね。

(　　　) comes first.

- You never get **tired**.
  ユー　ネヴァ　ゲット　**タ**イアド

  最近疲れやすくて。 Recently, I easily [**イ**ーズリ] get tired.

- I've **gained** weight.
  アイヴ　**ゲ**ィンド　**ウェ**イト

  やせました。 I've lost weight.

- How do you usually **relieve** stress?
  ハウ　ドゥ　ユー　**ユ**ージュァリィ　リ**リ**ーヴ　スト**ゥレ**ス

  健康のために何かやっていますか？ What do you do to stay healthy?

- We have to take **care** of ourselves.
  ウィ　ハフ　トゥ　**テ**イク　**ケ**ァ　アヴ　アウァ**セ**ルヴズ

  体を動したほうがいいですね。 We need some exercise.

- I try to eat a well-balanced **diet**.
  アイ　トゥ**ラ**イ　トゥ　**イ**ート　**ウェ**ル　バランスト　**ダ**イアット

  毎日野菜をとるようにしています。 I try to have vegetables every day.

- **Health** comes first.
  ヘルス　カムズ　**ファ**ースト

  ＝ There's nothing more valuable than good health.

著者紹介

小池直己

広島大学大学院修了。カリフォルニア大学ロサンゼルス校（UCLA）の客員研究員を経て、大学・大学院教授を歴任。現在は英語教育関連書籍の執筆を中心に幅広く活躍。著書に『覚えておきたい基本英会話フレーズ130』『語源でふやそう英単語』『話すための英文法』（以上岩波書店）、『英語でたのしむ「アドラー心理学」』（PHP研究所）、『ハワイらくらく英会話』（祥伝社）、共著に『「僕はビール」と英語で注文できますか？』『中学英語で話せるちょっとしたモノの言い方』『1日1分！大人の英語力が面白いほど身につく！』（以上青春出版社）ほか多数。

パラパラめくってペラペラ話せる英会話

2018年7月1日　第1刷

著　者	小池直己
発行者	小澤源太郎
責任編集	株式会社プライム涌光

電話　編集部　03（3203）2850

発行所　株式会社青春出版社

東京都新宿区若松町12番1号〒162-0056
振替番号　00190-7-98602
電話　営業部　03（3207）1916

印刷・大日本印刷　　製本・ナショナル製本

万一、落丁、乱丁がありました節は、お取りかえします

ISBN978-4-413-11264-2 C0082
©Naomi Koike 2018 Printed in Japan

本書の内容の一部あるいは全部を無断で複写（コピー）することは著作権法上認められている場合を除き、禁じられています。

できる大人の大全シリーズ

話してウケる！不思議がわかる！
理系のネタ全書
話題の達人倶楽部［編］

ISBN978-4-413-11174-4

図解 考える 話す 読む 書く
しごとのきほん大全
知的生活追跡班［編］

ISBN978-4-413-11180-5

なぜか人はダマされる
心理のタブー大全
おもしろ心理学会［編］

ISBN978-4-413-11181-2

誰もがその顛末を話したくなる
日本史のネタ全書
歴史の謎研究会［編］

ISBN978-4-413-11185-0

できる大人の大全シリーズ

誰も教えてくれなかった
お金持ち100人の秘密の習慣大全

㊙情報取材班［編］

ISBN978-4-413-11188-1

できる大人の
常識力事典

話題の達人倶楽部［編］

ISBN978-4-413-11193-5

日本人が知らない意外な真相！
戦国時代の舞台裏大全

歴史の謎研究会［編］

ISBN978-4-413-11198-0

すぐ試したくなる！
実戦心理学大全

おもしろ心理学会［編］

ISBN978-4-413-11199-7

できる大人の大全シリーズ

仕事の成果がみるみる上がる！
ひとつ上の
エクセル大全(たいぜん)

きたみあきこ　　　ISBN978-4-413-11201-7

「ひらめく人」の
思考のコツ大全(たいぜん)

ライフ・リサーチ・プロジェクト［編］　　　ISBN978-4-413-11203-1

通も知らない驚きのネタ！
鉄道の雑学大全(たいぜん)

櫻田 純［監修］　　　ISBN978-4-413-11208-6

「会話力」で相手を圧倒する
大人のカタカナ語大全(たいぜん)

話題の達人倶楽部［編］　　　ISBN978-4-413-11211-6

できる大人の大全シリーズ

3行レシピでつくる
おつまみ大全

杵島直美　検見﨑聡美

ISBN978-4-413-11218-5

小さな疑問から心を浄化する!
日本の神様と仏様大全

三橋健(監修)／廣澤隆之(監修)

ISBN978-4-413-11221-5

もう雑談のネタに困らない!
大人の雑学大全

話題の達人倶楽部[編]

ISBN978-4-413-11229-1

日本人の9割が知らない!
「ことばの選び方」大全

日本語研究会[編]

ISBN978-4-413-11236-9

90万部突破! 信頼のベストセラー!!

できる大人の
モノの言い方
大（たいぜん）全

話題の達人倶楽部 [編]

ほめる、もてなす、
断る、謝る、反論する…
覚えておけば一生使える
秘密のフレーズ事典

**なるほど、
ちょっとした違いで
印象がこうも
変わるのか!**

ISBN978-4-413-11074-7
本体1000円+税